*Minha Mãe
e Todas as
Mães*

Diagramação e composição:
Distribuidora Record

Direitos autorais reservados a
Mansour Challita
Cx. Postal, 10.929 – CEP 22020-000
Rio de Janeiro, RJ

Distribuição exclusiva:
Distribuidora Record
Rua Argentina, 171 – 585-2000
Rio de Janeiro, RJ

Mansour Challita

Minha Mãe e Todas as Mães

Associação Cultural
Internacional Gibran

Rua Barata Ribeiro, 589, cob. – Rio de Janeiro, RJ

DEDICATÓRIA

Dedico este livro a todos os filhos
que apreciam plenamente a devoção
de suas mães e as amam como merecem
ser amadas.

M.C.

SUMÁRIO

RÉQUIEM PARA MAMÃE E PARA TODAS
AS MÃES QUE SE FORAM   15

Pensamentos   23

Saudade   31

A origem do "Dia das Mães"   33
Maria Helena Gouveia

Mãe — O milagre maior da natureza   35
Ana Maria Pinto de Vasconcelos Costa

Mãe é amor   37
Eliseu Oro

Como surgiu o Dia das Mães   39
Sônia Nigolian

Exaltação às Mães   41
Athayr Cagnin

Mãe! *Maura Soares*	42
A mãe e o sábio *Flávio da Cruz Ferreira*	45
Mamãe... Minha primeira namorada... *José Jorge Abaide*	47
Retrato de Mãe *D. Ramon Angel Jara*	50
Filho Homem	52
Perfil Bonito *Norma Mandour*	53
Amor de mãe	54
Zizinha *Beatriz Horta*	58
"Separada de meus filhos"	60
Mãe santa *Sandino Ribeiro*	61
Mãe *Maria Luíza Negrelli de Campos*	63

"Quando percebi a criança já estava ao meu lado."   65
Dercy Gonçalves

O Natal começava cedo na casa de minha mãe   67
Heloísa Helena da Silva Lafauente

Pedidos de uma criança a seu pai   68
Bárbara Hudson

Retrato de mãe   70
Emilia Rosa Teixeira de Matos

História bonitinha   72
Maria Eildina de Santana Roriz

Mãe, quem é você?   75
Maria Helena Gouveia

Oração de um filho adotivo   76
Antonio de Godoy Sobrinho

Minha mãe!   78
Emilio Sounis, membro da Academia Paranaense de Letras

Minha mãe   79
Julia Lopes de Almeida

Minha mãe   81
Mariluce Matias

Minha mãe   82
Lauritta Fonseca dos Santos

Minha mãezinha — 83
J. G. de Araujo Jorge

Minha mãe — 84
Osmar Silva

Coração Grande — 85

Retrato de mãe — 86
Jorge Tufic

Você, minha mãe — 90
Mayra Araújo Martins de Almeida

Lembranças — 91

A mãe preta — 92

A morte das mães — 93
Edmond Saad

Mãe — 95
Milton Gomes Batista

Mãe — 97
Rinaldo Rosendo

Oração de mãe — 98
Ana Moreira de Andrade

Poema para Maria Coutinho   99
Lair Mattar

Mamãe   101
Herivelto Martins e David Nasser

Lembrança de mãe   102
Jorge Tufic

Mãezinha querida!   103
Teresa Cristina Kfuri

Ofício de mãe   105
Iramya de Queiroz

Mamãe   106
Regina Elene

Mamãe!   108
Eder Leal

Doces da mamãe   109
Maria Luiza Negrelli de Campos

Deus cria a mãe   110
Paulo Coelho

Dia das mães   113
Ghiaroni

O adeus de uma menina   116

Meu adeus   117
Idamar Caixeta Bernelli

As mães nunca morrem   119
Patrícia Espírito Santo

Ser mãe   120
Casto José Pereira

É a mãe   122
Lúcia Rito

As mães   124
Temple Bailey

Entre duas saudades   127

Um desencontro   129
Tônia Carrero

D. Maria Moreira   132
Roberta Close

Mães   133
Alma Selva

"Mães atormentadas"   135
Hélio Fraga

Minha querida mãe   138
Tom Jobim e Vinicius de Moraes

Mãe   139
Bastos Tigre

Estas também são mães?	140
Presente do menino pobre *anônimo*	142
Para minha mãe *Ghiaroni*	143
As mães de Acari	144
Cazuza *Lucinha Araújo*	146
"Vem meu pequeno..." *citado no jornal L'Orient de Beirute*	148
Coração de mãe *Youssef Al-Munzir e Youssef Farhat*	149
Falando com você	151
Mãe *Maria de Lourdes S. Gonçalves*	152
Mãe *Zélia Rodrigues*	153
No Dia das Mães: Homenagem à mãe pátria *Sandino Ribeiro*	154

RÉQUIEM PARA MAMÃE E PARA TODAS AS MÃES QUE SE FORAM

Está infelizmente na natureza das coisas que nossas mães morram antes de nós. É verdade que a morte que sentimos na alma na hora de sua partida é mais dolorosa que a morte física. Durante muito tempo, minha mão e meu coração tremiam à idéia de escrever sobre minha mãe morta. Meu amor receava confirmar assim o seu falecimento. À noite, sonhava que toda essa tragédia era mero pesadelo e que minha mãe estava viva. Ouvimos falar da morte desde a infância. Encontramo-la todos os dias. Mas é somente quando perdemos um ser realmente amado que travamos conhecimento com ela e compreendemos o sentido do irreparável.

No início, temos a impressão de que estamos num túnel escuro que se prolonga indefinidamente e que estamos destinados a viver para sempre nas trevas e no desespero. Depois, clareiras aparecem. Damo-nos conta de que o túmulo não é o fim de nossos amados e de que existe outra vida além desta vida.

Uma vez, enquanto chorava sozinho, meu coração iluminou-se de repente, e ouvi-a me dizer numa voz mais melodiosa que as fontes da primavera: "Por que choras? Porque não me verás mais? Porque acha-me infeliz por não poder mais te ver? Mas na terra, não te via tanto quanto agora. Agora estou sempre perto de ti. Fecha os olhos, e me verás."

E após descobrirmos o poder da morte, descobrimos o poder do amor. O amor triunfa da morte como triunfa das outras formas de ausência. Percebemos que existe uma presença da alma tão real quanto a presença do corpo. Os que morrem continuam a viver conosco se os amamos bastante. E o pavor da morte recua diante desse descobrimento.

Ouço Emile Jafet dizer-me: "Só os mediamente sensíveis choram seus mortos. Os mais sensíveis continuam a viver com eles. Tinha um irmão mais velho que adorava. Morreu prematuramente. Não o choro. Não evoco sua lembrança com tristeza e amargor, mas ao contrário com doçura e afeto. E converso com ele como fazíamos antanho. Tal é a única maneira de permanecer fiel aos que se vão."

Ouço Vera Lúcia Machado dizer-me: "Tinha um tio dotado de uma personalidade extraordinária. Amava-nos mais que nosso pai. Quando morreu, achei que o mundo desmoronava. Depois, minha compreensão prevaleceu. Agora, sinto-me feliz quando sua lembrança visita minha memória. Às vezes, vejo-o em sonho. E todo o dia seguinte, vivo numa atmosfera suave, e meu coração bate com mais alegria."

Nosso diálogo com nossos mortos é a vitória das forças espirituais sobre as forças físicas.

Depois, uma outra verdade contribui a nos fortalecer. A morte sendo o destino de todos os seres vivos, e portanto o nosso como o de nossos amados, consolamo-nos de que esse aniquilamento seja universal e não atinge nossos amados com exclusão de nós.

Cada um passará por sua vez. Fala-se dele, primeiro, como um anelo, depois como uma realidade, depois como uma lembrança. E com que rapidez, essas fases se sucedem!

Oxalá nasça! Nasceu. Morreu.

Jamil Jabre escreveu-me:
"Começa-se a morrer no dia do nascimento."
Abu Al-Ala-Al-Maarri escreveu:
"Passamos, rápidos, entre dois infinitos, sem parar como se estivéssemos atravessando uma ponte!"

E pouco a pouco saímos do túnel, recriados pelo sofrimento, amadurecidos pela meditação, mais ligados que nunca a nossos amados desaparecidos, mas vendo-os à luz do que sobrevive deles e não do que é perecível.

E uma outra fidelidade a nossos mortos, a mais importante, a mais consoladora acrescenta-se às outras: a de querer continuar não somente seu sangue, mas também sua obra e seu ideal, de merecer que sorriam para nós quando nos olha de sua eternidade.

E o que nossos mortos foram levanta-se diante de nós tal uma luz que nos salva definitivamente das trevas e nos guia.

E o que minha mãe procurou incutir em mim torna-se mais claro e mais atraente.

Ensinou-me a não me sentir grande diante de um pequeno nem pequeno diante de um grande.

Ensinou-me a fazer as coisas com amor ou a não fazê-las.

Ensinou-me que, apesar de certas aparências, o que somos acaba por prevalecer sobre o que possuímos.

Ensinou-me a fingir não ver as vilezas humanas e a ignorar-lhes os autores antes do que me medir com eles.

Tinha uma autoridade natural que não estava

na severidade da voz ou dos gestos, mas no peso da razão e no valor do exemplo.

Sabia conquistar o respeito e a amizade de pessoas socialmente mais importantes pela mera projeção de sua superioridade pessoal. Não havia altura moral que não fosse capaz de atingir. As doenças, os sofrimentos nunca fizeram desaparecer seu sorriso, um sorriso nobre sem orgulho, acolhedor sem bajulação, sempre tão lindo.

Nunca se queixava. Nunca fraquejava. Nunca foi derrotada. Refugiava-se de suas decepções num mundo interior que malevolência alguma conseguia atingir. Acolheu a própria morte com esse mesmo equilíbrio de bondade e de coragem que havia posto em toda sua vida.

Rose Basile, uma amiga da família, que assistira

a seus últimos momentos, escreveu-me: "Apagou-se suavemente como uma santa, sem barulho, sem sofrimento, sem incomodar ninguém. Tinha um ar comovente, o ar de dormir do verdadeiro sono da paz, o rosto calmo, doce e sorridente. Olhava-a sem parar, fascinada pela expressão inspiradora que emanava dela. Que consolação para os que a amavam nesta morte serena que parecia prolongar para além do túmulo a nobre mensagem de sua vida."

"Só existe uma grandeza verídica", escreveu Edward Young, "é a grandeza moral. A morte, que destrói tudo o mais, a conserva e a coroa."

Mansour Challita

PENSAMENTOS

As moças devem se tornar esposas e mães para completar a missão sagrada de toda mulher.

Frances Anna Kemble

O coração de uma mãe está sempre com seus filhos.

Não menosprezes tua mãe quando está velha.

Bíblia, Provérbios

Sinto-me mais seguro no colo de minha mãe do que na casa do Senhor.

Provérbio estoniano

As mães perdoam sempre; elas vieram ao mundo para isso.

Alexandre Dumas, Pai

És de meus dias a resplandente aurora:
És tu, doce velhinha, ó minha mãe!

Gonçalves Crespo

Amor de mãe é como um bom perfume: sempre marca presença. Quem já o sentiu não o esquecerá. Mãe, para mim, tu és eterna. Te amo!

Josiane F. Silveira

Uma mãe pode satisfazer dez filhos, mas dez filhos não podem satisfazer uma mãe.

Os homens são o que suas mães fazem deles.

Deus não pode estar em toda parte: por isso, fez as mães.

Provérbio judaico

Depois que, Mãe, tu partiste,
como uma Santa em seu véu,
o céu que eu via tão longe,
ficou mais perto, e há mais céu...

Se eu fosse enforcado na montanha mais alta, ó minha mãe, sei que teu amor me seguiria até lá.

Rudyard Kipling

Diante de uma mulher, nunca esqueças tua mãe.

Constâncio C. Vigli

O pai tem um coração; a mãe tem dois.

Mikhail Naimy

As mulheres são fracas. Mas as mães são fortes.

Victor Hugo

O Deus a quem as crianças dirigem suas preces tem um rosto parecido com o da mãe delas.

James A. Father

Deus que vive acima dos céus
olharia com vingança nos olhos
se eu ousasse um dia
ofender minha mãe.

Ann e Janne Taylor

A palavra mais suave que os lábios humanos possam pronunciar é a palavra mãe. A mais bela invocação: "Mamãe!" Uma palavra ao mesmo tempo pequena e imensa, cheia de esperança, de amor e de ternura. A mãe é tudo nesta vida: consolo na aflição, luz na desesperança, força na derrota. É a fonte da piedade e da compaixão. Quem perde sua mãe perde um peito onde reclinar a cabeça, e uma mão que o abençoa, e um olho que o protege...

Gibran Khalil Gibran

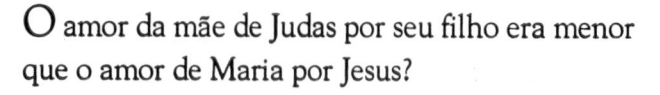

O amor da mãe de Judas por seu filho era menor que o amor de Maria por Jesus?

Gibran Khalil Gibran

Eu vi minha mãe rezando
aos pés da Virgem Maria.
Era uma santa escutando
o que outra santa dizia.

Barreto Coutinho

Uma mãe leva 21 anos para fazer um homem de seu filho, e outra mulher faz dele um bobo em poucos minutos.

A mãe do mudo conhece a linguagem dos mudos.

Ditado popular libanês

Só uma coisa no mundo é melhor e mais bela que a mulher: uma mãe.

F. Voneison

A única coisa que traz à mãe uma satisfação perfeita é a sua relação com um filho. É quase a relação ideal entre humanos, a única que está livre de ambigüidades.

Sigmund Freud

Minha opinião é que a conduta futura, boa ou ruim, de qualquer criança depende da mãe.

Napoleão

Os sons mais carinhosos que um mortal possa pronunciar são os de mãe, lar e céu.

William Cowper

A coisa mais difícil de se lembrar para uma mãe é que outras famílias têm excelentes filhos também.

As alegrias da maternidade não são plenamente experimentadas até que todos os filhos estejam na cama.

O colar mais precioso com que se orna uma mãe são os braços de seu filho.

Cunha Matos

A maior alegria e o maior orgulho de uma mãe é ser admirada pelos seus filhos.

M. Tinayre

Minha mãe! — Santa criatura,
Luz que aos astros ascendeu.

Ai! como é funda a amargura
Do triste que a mãe perdeu.

Correia Júnior

A mãe representa para o filho o bem; a providência, a lei: em uma palavra, a divindade numa forma acessível à infância.

Henri Frederic Amiel

Minha mãe era mui bela.
Eu me lembro tanto dela,
De tudo quanto era seu.
Minha mãe era bonita,
Era toda minha dita,
Era toda e toda minha.

Junqueira Freire

Ali estão dois cavalos de igual tamanho e forma. Como podemos distinguir a mãe do filho? Dê-lhes algum feno: a mãe empurrará o feno em direção do filho.

Da doutrina de Buda

Não existe no mundo travesseiro mais macio que o colo de minha mãe, nem rosa mais bonita que a sua boca sorridente.

Shakespeare

O paraíso das mães é junto ao berço dos filhos.

Coelho Neto

A mulher nasceu para ser mãe. E tudo nela, até a inteligência, a subordina a essa função.

Julio Dantas

Quer viva alegre, quer me punjam dores,
Jamais esqueço minha mãe querida;
Pois trago dentro em mim, como esculpida,
A imagem dela, armada de fulgores.

Pe. Antonio Tomaz

O amor maternal faz-nos ver que todos os demais sentimentos são enganadores.

Honoré de Balzac

O coração materno é um abismo no fundo do qual sempre se encontra o perdão.

Honoré de Balzac

A mãe trouxe para a Terra o invento de amar.

E. Harancourt

Mãe é encanto, amor, amizade, carinho e ternura. Seu amor é verdadeiro, limpo e sem ambições. A mãe é o pouco de bem que resta neste mundo de imperfeições.

Haroldo A. Lima

Pode secar-se num coração de mulher a seiva de todos os amores; nunca se extinguirá a do amor materno.

Julio Dantas

Um filho que faz verter lágrimas à mãe, só ele pode secá-las.

Dito alemão

Pode-se achar uma segunda pátria, mas nunca uma segunda mãe.

Leoni Kusef

Nada se compara à alegria de ser mãe, sobretudo quando os filhos estão em casa.

Uma onça de mãe vale mais que uma tonelada de pai.

Provérbio espanhol

Haverá no mundo espetáculo mais comovente e respeitável que o de uma mãe cercada de seus filhos, dirigindo os trabalhos dos seus criados, buscando para o marido uma vida mais feliz e governando habilmente a casa?

Jean-Jacques Rousseau

SAUDADE

Recordo-me, mamãe, menino ainda,
A lhe dar trabalho e preocupações
Nas noites indormidas a me velar.
E, rosário à mão, contrita, orando,
Você pedia pelos filhos seus.
Como célere o tempo passou!

Hoje a dor da saudade imensa,
Destes cinco anos de separação,
Me traz de volta à sua campa,
Como a me oferecer conformação.

Rezo. Tudo relembrando, choro.
E no vazio que no peito sinto,
Parece até que o meu coração
Também com você, mamãe,
Aqui ficou sepultado!
Solidário, alguém vendo-me a chorar
Abraça-me, num gesto comovido,
E, respeitoso, procura me confortar:
— Não chore assim, Doutor!
Entre lágrimas, a me justificar, soluço:
— Não é o juiz quem chora,
Mas um filho que perdeu a mãe!

Autor desconhecido

A ORIGEM DO "DIA DAS MÃES"

Maria Helena Gouveia

Dentre as grandes datas recordativas de nobres vultos e feitos heróicos, uma a todas sobreleva pelo seu profundo significado: é o "Dia das mães".

Nesse dia, tão cheio de gratas evocações e doces reminiscências, a humanidade cristã põe de parte os afazeres costumeiros para tributar sincera oblação ao ente querido que nos deu o ser.

Muita justiça e mérito há nessa homenagem. Se a gratidão fenecesse em todo coração humano, quão árida e escabrosa seria a senda do existir!

A abnegação materna desperta em nós o reconhecimento, o respeito, e nos leva a admirar o grande amor de Deus por nós, suas criaturas. Bendita e luminosa idéia a daquela jovem que com sua nobre iniciativa nos legou o "Dia das mães"!

Remontemos por alguns instantes à origem dessa solenidade.

A jovem Ana Jarvis, de Filadélfia, Estados Unidos, sofrera o rude golpe de perder a extremosa mãe, e ao pensar na homenagem que iria tributar a sua memória, ocorreu-lhe o plano de consagrar um dia às mães em geral.

A idéia foi logo esposada pelas igrejas e congregações religiosas, sendo mais tarde aceita pelo público: um decreto do presidente Wilson, assinado em 1914, tornava feriado o segundo domingo de maio.

"Dia das mães", tomando daí por diante significado nacional.

Hoje, em todo o mundo cristão, essa data é comemorada com afeto.

Neste seu dia, amiga leitora, queremos felicitá-la, orando ao Senhor que a cubra de ricas e copiosas bênçãos do alto, para que a graça divina a acompanhe, ao cumprir sua nobre missão, a missão de formar caráteres!

MÃE — O MILAGRE MAIOR DA NATUREZA

Ana Maria Pinto de Vasconcelos Costa

Escrever ou falar sobre a mãe não é fácil — quase tudo que nos vem à memória soa repetitivo e, ainda assim, parece pouco. Contudo, pensando em minha mãe e nas mães de sua época, eu diria: Mãe-presença; Mãe-anjo-da-guarda; Mãe-renúncia; Mãe-devoção. Mãe que se imola no calvário da paixão e, muitas vezes, do desespero, não uma vez, numa Sexta-feira Santa, mas em todas as Sextas-feiras da vida.

Mãe: oceanos de amor e de dedicação.

Mãe que não exige e não cobra, nunca cobra o carinho do filho amado, o mais belo, o mais forte, a quem tudo se perdoa, a quem tudo se dá: as lágrimas e os risos, a própria vida!

E a você, mãe moderna, de olhos abertos para a realidade, mãe que pisa firme, com passos decididos e que conhece o filho melhor de que ninguém e do que ele próprio, e o aceita e respeita nos seus anseios mais legítimos, eu diria:

Mãe-companheira-amiga e irmã.

Mãe que não tem pretensão de ser perfeita, mas é comum, normal, permeável à impaciência e ao cansaço; Mãe que erra e, às vezes, acerta; Mãe que sussurra e grita.

Mãe que conhece e luta por seus direitos, estabelecendo, também, os limites dos direitos do filho.

Mãe que se desgasta e se consome em noites infindáveis de vigília, na busca de soluções para os problemas existenciais do dia-a-dia, diante dos quais se queda, perplexa.

Mãe-porto seguro, mesmo em mar revolto e tempestuoso.

Mãe-coragem, Mãe-versão 1990.

MÃE É AMOR

Eliseu Oro

Mãe, singela palavra
de três letrinhas sim;
encerra, porém, uma
significação sem fim...

Mãe jovem,
mãe idosa,
mãe pobre,
mãe rica,
mãe cor,
mãe branca,
mãe tristonha,
mãe risonha,
mãe é mãe; e,
mãe é sempre mãe...

Mãe é amor.
Amor de mãe
é amor, além de amor.
Amor que, não raro,
vence o desamor...

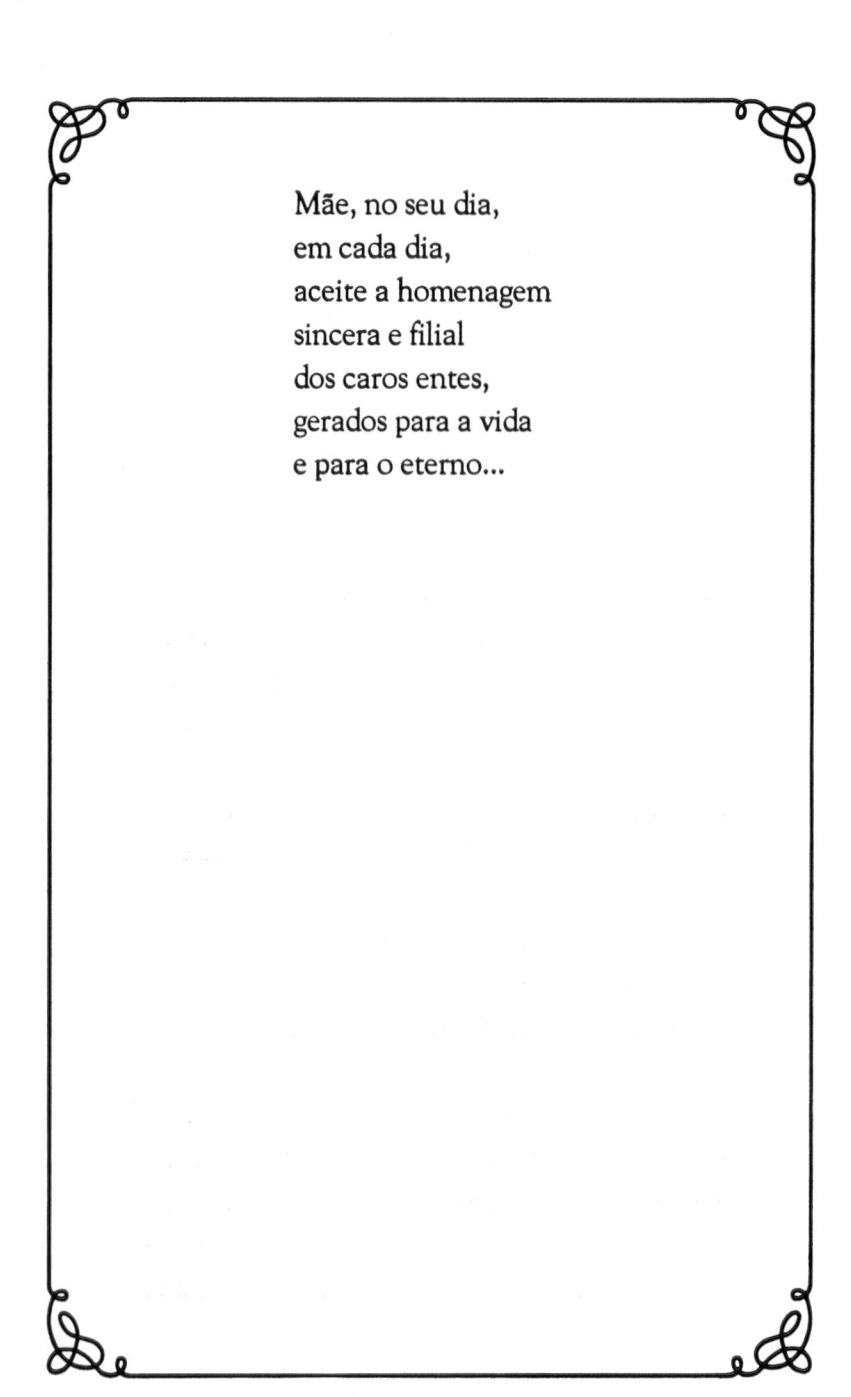

Mãe, no seu dia,
em cada dia,
aceite a homenagem
sincera e filial
dos caros entes,
gerados para a vida
e para o eterno...

COMO SURGIU O DIA DAS MÃES

Sônia Nigolian

Em muitos países, o segundo domingo do mês de maio é dedicado às mães.

A comemoração do Dia das mães teve origem nos Estados Unidos, em 1907, quando Ana Jarvis, de uma pequena cidade de West Virginia, resolveu comemorar o primeiro aniversário da morte de sua mãe. Isso foi no mês de maio. Continuou fazendo o mesmo nos anos seguintes, e a população da cidade foi imitando o costume.

Sugeriram às autoridades que estabelecessem uma data especial para se comemorar o Dia das mães em todo o território americano. Assim, em 1914, o presidente americano Thomas W. Wilson oficializou o Dia das mães no segundo domingo de maio.

Em maio de 1918, pela primeira vez no Brasil, a Associação Cristã de Moços festejou em Porto Alegre o Dia das mães. A data continuou a ser comemorada em vários lugares do Brasil até que, em 1932, o presidente Getúlio Vargas baixou um decreto-lei determinando a comemoração oficial do Dia das mães em nosso país no segundo domingo de maio. Hoje, a data é comemorada em todo o mundo cristão.

Em 1947, a Igreja católica adotou a mesma data como Dia das mães.

Em 365 dias, mãe, mereces um dia festivo. Então, boa festa, mamãe.

EXALTAÇÃO ÀS MÃES

Athayr Cagnin

Mães jovens, mães idosas, mães de todas as idades, mães solteiras, casadas e viúvas, mães desquitadas, mães de todas as raças e de todos os credos — eu vos saúdo.

Se somos feitos à imagem de Deus, a maternidade é um dom divino.

Vós, que tendes o poder e a graça de perpetuar a espécie humana; que recebestes de Deus a sublime missão de gerar seres feitos à Sua semelhança; que guardais em vosso corpo o segredo da vida — recebei minha homenagem.

Todos os corações, nesta data, se voltam para vós, num justo reconhecimento por tudo que representais de nobre, puro e elevado neste mundo tão cheio de discórdias e incompreensões.

MÃE!

Maura Soares

Mãe! — chamou o menino, em meio à febre. Mãe! Sua voz sumida era imperceptível; porém a mãe, adormecida em uma cadeira perto do leito do filho agonizante, despertou. Acudiu prontamente a criança que queria um copo d'água.

Trouxe a água o mais rápido que pôde. O filho a sorveu e retornou ao sonho febril.

Havia três dias que o menino jazia entre delírio e consciência. A mãe já tinha apelado até para benzedeira, pois seus recursos financeiros se haviam, de há muito, esgotado. Virava noite e dia na cabeceira do filho, sofrendo com ele, rindo com ele, acalentando-o em meio a dor que feria seu coração. Não havia muita esperança. Sem poder removê-lo para um hospital, ela havia tentado todas as formas possíveis para salvá-lo, daí o dinheiro haver se esvaído.

Agora o menino respirava tranqüilo. A mãe acomodou-se como pôde na cadeira. O cansaço venceu-a e, em sonho, foi transportada para o dia de um aniversário de seu filho. As crianças, os amiguinhos da escola, ali estavam, comendo doces e cantando parabéns. Tudo era alegria, então. Ela se desdobrava para atender a todos, pois havia pressa em comer para começar as brincadeiras.

O sonho embalou-a e a transportou para o primeiro dia na escola. Em choro, ele agarrou-se à saia dela. Ela sorriu e carinhosamente o entregou à professora que já estava com outros na mesma situação.

Flash. Agora ela estava com ele perto de um rio. Que rio era aquele? Não se lembrava de ter feito nenhum passeio à beira de qualquer rio. Mas deixou-se levar pelo devaneio. De repente, o menino não mais estava perto dela. Dava-lhe adeus da outra margem. Em vão, tentou gritar por ele. A voz não saía.

A imagem do menino feliz acenando foi, pouco a pouco, desvanecendo-se.

Aflita, banhada em suor, a mãe acordou. Seu primeiro olhar foi para o filho que, tranqüilo, repousava.

A febre cedera.

A mãe orou com fervor. Imaginou-se sem aquele ser pequeno, frágil, necessitando dela a todo instante. A dor da perda a mataria.

Mas, Deus é justo e piedoso. Seu coração foi tocado pelo pedido daquela mãe.

Mais uma vez, ela observou o filho. Ele havia mudado de posição, mas a respiração continuava tranqüila.

A MÃE E O SÁBIO

Flávio da Cruz Ferreira

Conta a história que, um dia, uma mulher foi ter com um velho sábio. Em seus olhos brilhantes de lágrimas, pôde o ancião vislumbrar a tristeza; e nos seus lábios sorridentes, descobriu a felicidade.

Disse-lhe a mulher: "Senhor, hoje o meu filho casou-se e partiu. E venho buscar na vossa sabedoria consolo para a minha tristeza."

Perguntou o sábio: "Estarás, acaso, realmente triste? O sorriso em teus lábios nega o pranto dos teus olhos. E, assim como a chuva é o oposto do sol e, juntos criam o arco-íris, a tristeza e a felicidade que se juntam em teu coração fazem brilhar o teu rosto.

E isso acontece porque sabes que, em verdade, o teu filho não partiu. Pois um homem sempre estará onde estiverem as suas lembranças, e que lembrança mais forte pode existir que a de uma mãe extremada?

Para onde voltará ele os seus pensamentos, quando em busca de consolo, se não para a lembrança de teus braços?

Entretanto, não podes deter a marcha do tempo; como não te é possível encarcerar o vento. Por isso, o teu filho deve seguir. Pois, se não o fizer, como poderá ele conhecer outra mulher e torná-la, também, em mãe? Como poderia o amor sobreviver se estivesse encerrado apenas em duas pessoas?"

Disse, então, a mulher: "Senhor, agradeço a vossa bondade e a sabedoria das vossas palavras. Mas eis que o meu coração se debate entre a alegria de ver meu filho preparado para a vida, e a tristeza de vê-lo partir. E como pode alguém encontrar na alegria a razão da própria tristeza? Serei, acaso, louca?"

Sorriu o sábio: "Não. És mãe."

MAMÃE... MINHA PRIMEIRA NAMORADA...

José Jorge Abaide

Parece um domingo...
igual a tantos outros; porém,
algo diferente existe
tal qual, as minhas quimeras:
o céu bem mais azul;
as flores mais belas;
e, mesmo sendo outono, sinto no ar
um cheirinho de uma manhã de primavera...

Saio à rua, admirando todos...
Analisando tudo, bem amiúde.
Vejo sorrisos, vejo belezas, vejo alegrias,
até mesmo, em corações mais rudes...
Indago ao primeiro transeunte:
"Amigo!!! Por que este sol tão belo?
Por que toda esta euforia?
Diga-me, jovem, o que na realidade existe?"

Com um sorriso, e numa frase apenas,
disse-me aquela criatura:

"É o dia de mamãe!!! Minha primeira namorada!!!"

Cabisbaixo, envergonhado até, e,
sem que ninguém notasse
por ter esquecido data tão sagrada
que a distância, o rol do tempo e minha própria ignorância
fizeram com que eu até a olvidasse — chorei baixinho...

Lembrei, então, que um dia fui criança...
Lembrei das mãos que me acariciavam...
Lembrei de seus olhos, lindos, penetrantes,
que com todo o amor, sempre me fitavam...

Lembrei de uma leoa, defendendo seu filhote...
Lembrei da santa, que me ensinou a primeira oração...

Lembrei de seus cabelos, lembrei de sua voz
que me ninava, meiga, com sua doce canção.

Parei bruscamente e vi junto a mim uma rosa
linda, vermelha, resplandecente...
Apanhei-a, já sentindo seu aroma.

Acariciei-a com toda a minha ternura,
como se em minhas mãos tivesse
minha mãezinha... minha adorada criatura...
E foi então, como por encanto...
Tal qual um conto de fadas...
Que a rosa me falou em tom de amor...
"EU SOU A TUA PRIMEIRA NAMORADA..."

RETRATO DE MÃE

D. Ramon Angel Jara, bispo de La Serea no Chile

Uma simples mulher existe que,
pela imensidão do seu amor,
tem um pouco de Deus,
e pela constância de sua dedicação
tem um pouco de anjo;
que, sendo moça, pensa como uma anciã
e, sendo velha,
age com todas as forças da juventude;
quando ignorante,
melhor que qualquer sábio
desvenda os segredos da natureza,
e, quando sábia,
assume a simplicidade das crianças.
Pobre, sabe enriquecer-se com a felicidade dos
que ama e, rica, empobrecer-se para que seu
coração não sangre, ferido pelos ingratos.
Forte, entretanto, estremece ao choro duma
criancinha, e fraca, não se altera com a bravura
dos leões.
Viva, não sabemos lhe dar o valor
porque à sua sombra todas as dores se apagam.

Morta, tudo o que somos e tudo que temos
daríamos para vê-la de novo,
e receber um aperto de seus braços
e uma palavra de seus lábios.
Não exijam de mim que diga o nome dessa mulher,
se não quiserem que ensope de lágrimas este álbum:
porque eu a vi passar no meu caminho.
Quando crescerem seus filhos,
leiam para eles esta página.
Eles lhe cobrirão de beijos a fronte,
e dirão que um pobre viandante, em troca de suntuosa
hospedagem recebida,
aqui deixou para todos
o retrato de sua própria MÃE.

FILHO HOMEM

Filho homem é aquele companheiro que toda mãe sonha ter ao lado a vida inteira e se orgulha de sair exibindo-o para as amigas como o bendito fruto, o mais lindo.

A melhor piada sobre a separação da dupla é a da mãe judia ao receber a notícia do casamento do filho:

— Mas logo agora, que você está criado, lindo, maravilhoso, depois de tanto sofrimento, tantos cuidados, vem alguém e te leva embora?

PERFIL BONITO

Norma Mandour

Onde eu estiver, um perfil me acompanha. Perfil bonito, alto, elegante, um rosto fino, um olhar penetrante, vivo e repleto de bondade. Bondade e generosidade são as palavras-chave que representam este SER inesquecível, este SER que me abriu os caminhos da vida, este SER que adorna o próprio nome: MÃE! Quanta ternura esta palavra evoca no coração, quanto respeito, quanta admiração!

Ah, minha Mãe, quanta saudade!

AMOR DE MÃE

Ela era apenas uma gata de pêlos curtos, sem eira nem beira e sem nome, com cinco filhotinhos, tentando sobreviver nas ruas pobres de um bairro de Nova York. Estabeleceu morada numa garagem abandonada e depredada, bastante sujeita a incêndios. Vasculhava a vizinhança, procurando restos de comida para poder alimentar-se e cuidar dos filhotes.

Tudo isso iria mudar às 6h06 da manhã de 29 de março de 1996, quando um incêndio rapidamente engolfou a garagem. A casa dos felinos ficou em chamas. A divisão 175 do corpo de bombeiros foi acionada, e logo o incêndio foi debelado. O bombeiro David Giannelli ouviu o miado desesperado dos gatinhos. Ele encontrou três deles perto da garagem, o quarto quase que no outro lado da rua, e o quinto na calçada. Os gatinhos eram novinhos demais para terem escapado sozinhos. Giannelli notou que as queimaduras eram progressivamente mais graves, de um gatinho para outro, alguns tendo esperado mais tempo para ser resgatados, visto que a mãe os carregou um por um para fora do local do incêndio.

O *Daily News* de Nova York, na sua edição de 7 de abril de 1996, relatou o seguinte a respeito do paradeiro da gata e do seu desvelo: "Quando Giannelli encontrou a gata, ela estava prostrada de dor num terreno baldio ali perto, e aquilo lhe cortou o coração. As pálpebras da gata estavam fechadas de tanto que incharam por causa da fumaça. As almofadas das patas apresentavam queimaduras gravíssimas. O rosto, as orelhas e as pernas estavam horrivelmente chamuscados. Giannelli providenciou uma caixa de papelão onde cuidadosamente colocou a gata e os filhotes. 'Ela nem conseguia abrir os olhos', disse Giannelli. 'Mas tocou os gatinhos um por um com a pata, contando-os.'"

Quando chegaram à Liga de Animais North Shore, ela estava morre-não-morre. O relato continuou: "Deram-lhe medicamentos para combater o choque. Colocaram um tubo intravenoso cheio de antibiótico na heróica felina, e, delicadamente, passaram pomadas antibióticas nas queimaduras. Daí ela foi colocada numa gaiola com câmara de oxigênio para ajudar a respiração, e todo o pessoal da liga de animais ficou em suspense... Em 48 horas, a heroína já conseguia sentar-se. Seus olhos inchados se abriram e, segundo os veterinários, não tinham sofrido nenhuma lesão."

Pare e pense. Imagine por um momento essa mãe corajosa, com seu medo inato do fogo, entrando num local enfumaçado e em chamas para resgatar os filhotinhos que miavam desesperadamente. Entrar uma vez para levar os filhotinhos indefesos seria incrível; fazer isso cinco vezes, cada vez com dores mais intensas, por causa das queimaduras adicionais no rosto e nos pés, é inimaginável! A corajosa criatura foi chamada de Scarlett porque as queimaduras revelavam uma pele cor de escarlate, ou vermelha.

Quando essa comovente história do grande amor de uma mãe por sua prole foi veiculada ao mundo pela Liga de Animais North Shore, o telefone não parava de tocar. Mais de 6.000 pessoas, de lugares tão distantes como o Japão, a Holanda e a África do Sul, telefonaram para perguntar sobre o estado de Scarlett. Umas 1.500 se ofereceram para adotar Scarlett e seus filhotes. Um dos gatinhos mais tarde morreu.

Scarlett comoveu o coração de muita gente no mundo todo. Isso nos faz pensar se o coração de milhões de mães que hoje eliminam o filho antes de nascer, ou por abusos, logo depois que nasce, não sente nenhum remorso diante do exemplo do amor de Scarlett pelos seus filhotes.

ZIZINHA

Supermãe do ilustrador Ziraldo, Beatriz Horta

Tive muitas alegrias em minha vida, mas nenhuma igual à daquele dia 24 de outubro de 1932, quando nasceu meu filho Ziraldo. Eu tinha 21 anos, casei com 18, e nós demos a ele esse nome porque é a soma de Zizinha com Geraldo, meu marido. Ele era um bebê comprido e de olhos arregalados e custou muito a falar. Com dois anos, ele ainda não falava. Sim, falou primeiro "mamãe", mas eu sempre dizia que ele falava com os olhos, espertos, vivos, atentos a tudo o que estava ao seu redor. Ele era tão espertinho que eu nunca consegui tirar um bom retrato com ele no colo, encostado no meu peito. Ele não parava, e nenhum fotógrafo de Caratinga conseguiu fazer essa foto minha com ele. Saía sempre tremida. Um dia, ele teve que viajar. Logo ele, o filho mais velho, o meu companheiro para tudo? Mas era para a felicidade dele, e eu tive que deixar. Lembro que ele me disse: Mamãe, é a minha carreira. Eu tenho que ir embora, mamãe.

Era um menino, quase de calças curtas. Cheguei até a adoecer quando ele foi.

... Quando vou ao Rio visitar os filhos e netos, ele vem me ver toda hora, só que é assim: deita nesse sofá aí, põe a cabeça no meu colo e, quando eu vejo, ele está dormindo. Eu me sinto muito feliz com meus filhos, noras, genros e netos, gosto demais de todos eles, não tem mais lugar no meu coração para gostar tanto. Adoro todos eles, mas o Ziraldo... Ah, o Ziraldo. Sou a primeira fã dele. E quer saber mais? Eu não sou supermãe nenhuma, ele que é superfilho.

"SEPARADA DE MEUS FILHOS"

Ó meus filhos, meus filhos! Vós tereis, vós, uma cidade, uma morada, onde, longe de mim, desgraçada, habitareis para sempre separados de vossa mãe. E eu vou partir para um exílio longínquo, antes de ter podido desfrutar da vossa companhia, vendo-vos felizes...

... Foi, pois, em vão, meus filhos, que vos alimentei, em vão que suportei por vós tantas aflições e me consumi em fadigas, após haver sofrido as cruéis dores do parto! Sim, em vós, ai de mim, ainda não faz muito, eu punha minhas mais caras esperanças: vós deveríeis alimentar minha velhice e, depois de minha morte, piedosamente enterrar-me com vossas mãos.

Esse é o desejo de todos os mortais. E agora se desvanece esse doce pensamento. Separada de meus filhos, vou arrastar vida miserável e dolorosa, e vós, com vossos olhos queridos, não verei mais vossa mãe, ireis passar a uma nova existência. Ai, ai de mim! Por que me olhais assim, meus filhos?

MÃE SANTA

Sandino Ribeiro

Homenageamos a mãe santa, aquela que, mesmo na pobreza, na humildade do seu mundo social, vivendo discriminada pela alta sociedade, quer seja num mocambo, quer seja nos confins da zona rural, em casa de taipa, onde seus filhos amanhecem sem pão e sem água. Seu marido, magro, faminto, se embrenha mato adentro, com uma faca e uma enxada, tentando arrancar do solo seco e pelado qualquer tipo de alimento para seus filhos. Mesmo nada encontrando, ao regressar à sua triste moradia, encontra sua companheira alimentando seu filho caçula, com o escasso leite dos seus magros seios. Mesmo assim recebe-o com um largo sorriso dos seus trêmulos lábios.

Homenageamos também a mãe rica, aquela que nasceu em berço de ouro, a que vive num belo palacete, com toda fartura alimentícia e um batalhão de empregados, e que vibra de alegria no seu dia natalício ao receber centenas de presentes e mil beijos dos seus filhos, e especialmente do seu esposo, que a presenteia com um belo automóvel.

Homenageamos também a mãe prostituta que teve filhos e nem sabe quem são os pais dessas criaturas que ela sustenta, vendendo sua própria carne, enquanto permanece jovem e bonita. Na velhice, mesmo desprezada pelos próprios homens que outrora lhe juravam falso amor, ela continua firme tentando manter os frutos do seu amor, indo até a rua implorar uma esmola e sendo negada até pelos homens que a utilizaram na sua mocidade como um belo e aprazível passatempo sexual.

Seu instinto materno a fez aceitar as humilhações em benefício daqueles de quem quer fazer homens e mulheres.

MÃE

Maria Luíza Negrelli de Campos

É o nosso grande espelho
Cuja imagem refletida
Revela a maior de todas,
Maria, fonte da vida!

Os seus conselhos são dados
Com base em experiências;
Não falham, se não ouvidos
Pelos que não têm vivência!

Dentre todas as mamães
Ela é sempre a primeira
Como se fosse rainha
De uma grande colmeia

É enfermeira, grande artista
Amiga e orientadora
Procura quando precisa
Ser a melhor professora.

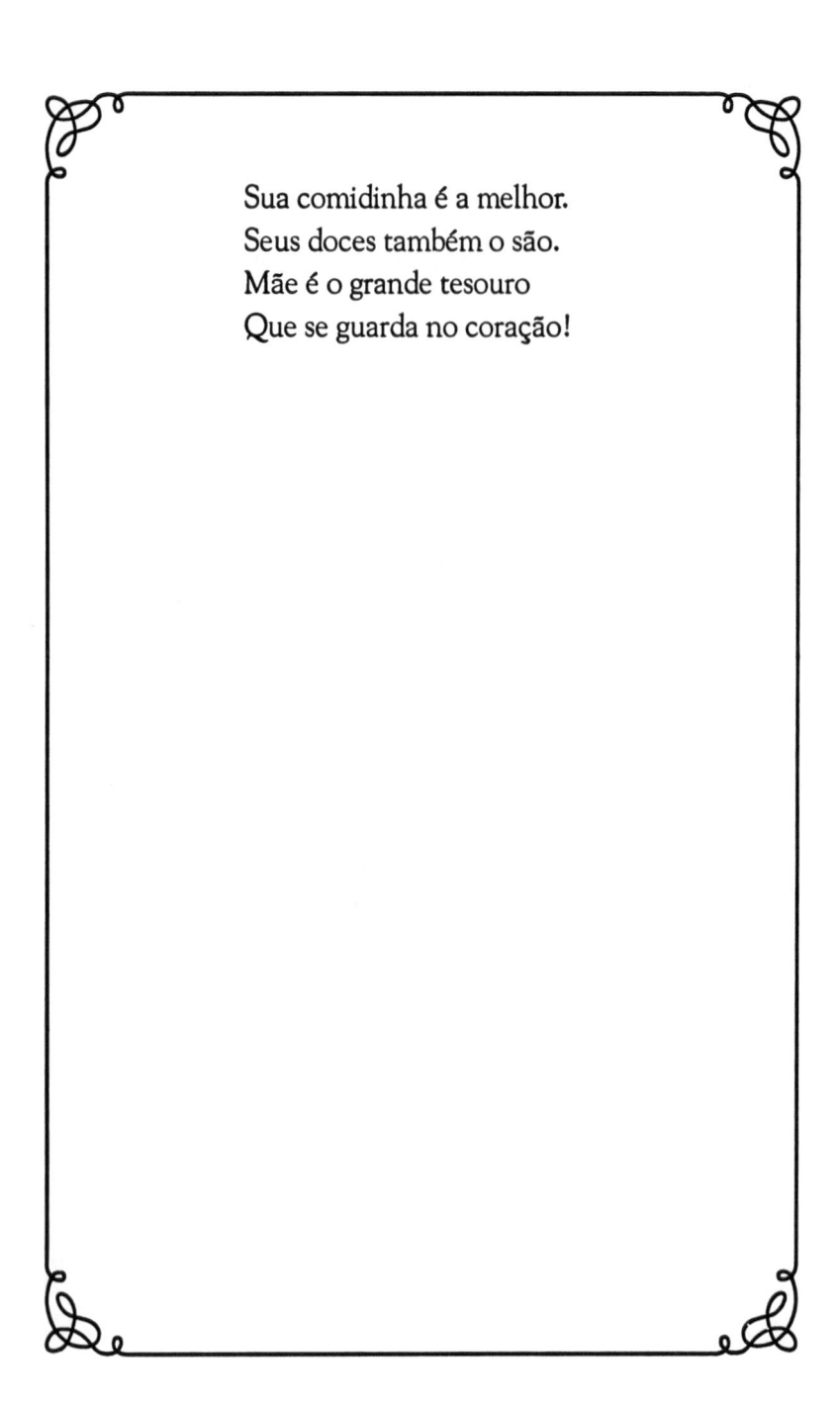

Sua comidinha é a melhor.
Seus doces também o são.
Mãe é o grande tesouro
Que se guarda no coração!

"QUANDO PERCEBI, A CRIANÇA JÁ ESTAVA AO MEU LADO."

Dercy Gonçalves

Eu era uma mulher de teatro sozinha no mundo, sem futuro e sem saber o que fazer da vida. Quando engravidei, achei péssimo; não senti felicidade nenhuma, nenhuma esperança. Fiz tudo pra tirar, mas o destino transcende a vontade da gente, e eu fui obrigada a ter o filho.

Fiquei tão aborrecida que durante nove meses não troquei de roupa. Usei uma só roupa.

É verdade, não estou mentindo. Não sabia que ia ter filho em nove meses e nunca fui ao médico saber como é que estava: se ia ser mulher ou homem, se estava torto, aleijado. Não fiz nenhum exame. Era um verdadeiro bicho. Depois de nove meses, no dia 23 de dezembro eu estava fazendo rabanada, quando a bolsa de água arrebentou. Achei aquilo muito esquisito, um aguaceiro danado. Chamei a parteira — porque não quis médico — e fiquei esperando. Não tive contração, não tive nada. Passou o dia 23, passou o dia 24, e não tive nada. Fui ao banheiro e fiz força para ver se saía alguma coisa. Não tinha a menor noção do que era um parto, do que era um filho. Era uma ignorante mesmo, um bicho. Fiquei tão desorientada que telefonei para o pai da minha filha, que morava em Juiz de Fora, e falei do problema. Ele me mandou ir a um hospital na Tijuca, e lá a minha filha nasceu, a fórceps.

Eu não vi nada, não senti dor. Quando percebi, a criança já estava ao meu lado.

Lembro que perguntei: É homem ou mulher? Quando me disseram que era uma mulher, falei: mais uma puta na vida, meu Deus do céu!

O NATAL COMEÇAVA CEDO NA CASA DE MINHA MÃE

Heloísa Helena da Silva Lafauente

Quando chegava o Natal, a alegria começava cedo na casa de minha mãe, pois ela enfeitava a casa com todo o capricho que lhe era peculiar. Até cheiro de Natal já havia no ambiente. E ela iniciava logo a confecção de bonecas. Cabeças e mãos eram compradas nas lojas; o resto, ela fazia: corpo, roupas, pinturas no rosto, colocação de cabelos, etc. Houve uma época em que as mãos faltaram nas lojas. Ela teve que comprar mãos de macacos. As bonecas ficaram diferentes, mas não feias. Presenteava-as pessoalmente nas casas de crianças carentes. Além de ser funcionária pública estadual e dona de casa, achava tempo e disposição para tudo isso e o fazia com muito amor. E fazia-o, cantando. Para as crianças era uma festa só, pois ela tinha muitos presentes para todos; brincávamos muito, pois ela não queria ninguém triste.

PEDIDOS DE UMA CRIANÇA A SEU PAI

Bárbara Hudson

1. Não me estrague. Sei bem que não devo ter tudo quanto peço. Só estou experimentando você!
2. Não vacile em ser firme comigo. Prefiro assim — isto faz com que me sinta mais seguro!
3. Não deixe que adquira maus hábitos. Dependo de você para distingui-los.
4. Não me corrija na presença de estranhos, se quer que isto seja eficaz. Aprenderei muito mais se falar sossegadamente, em particular.
5. Não me faça sentir que todos os meus erros são pecados. Isto confundirá meu senso de valores.
6. Não me proteja das conseqüências; às vezes, necessito aprender pelo caminho mais áspero.
7. Não leve muito a sério minhas pequenas dores; necessito delas para obter a atenção que desejo.
8. Não me irrite. Se o fizer, proteger-me-ei pela surdez!
9. Não me faça promessas irrefletidas. Lembre-se de que isto irá me desapontar profundamente!

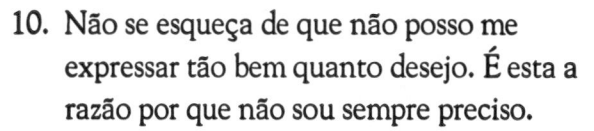

10. Não se esqueça de que não posso me expressar tão bem quanto desejo. É esta a razão por que não sou sempre preciso.
11. Não ponha muito à prova minha honestidade; sou facilmente tentado a dizer mentiras.
12. Não seja inconsistente. Isto me confunde e me faz perder a fé.
13. Não me descarte quando faço perguntas. Se assim o fizer, descobrirá que parei de fazê-las e estarei procurando as respostas alhures.
14. Não me diga que meus temores são bobos. Para mim, são profundamente reais, e você muito poderá fazer para tranqüilizar-me, tentando compreendê-los.
15. Não insinue que é perfeito ou infalível. Ficarei extremamente chocado quando descobrir que não o é!
16. Não pense que seria rebaixar ou diminuir sua dignidade, pedir-me desculpas. Desculpas sinceras tornam-me surpreendentemente afetuoso.
17. E não se esqueça de que gosto de experimentar as coisas por mim mesmo. Não poderia prosseguir na vida sem isto! — Por favor, tolere-me!

RETRATO DE MÃE

Emilia Rosa Teixeira de Matos

Temos saudade de nossa mãe, a nossa fortaleza moral, sempre ao nosso lado, para nos animar na desventura e completar nossa alegria.

Nossos pais não tiveram vida folgada... O encanto de nossa mãe ressalta exatamente por isso: se faltava o dinheiro, nunca lhe faltava a solidariedade humana para auxiliar seus vizinhos nas doenças ou mesmo os pobres que lhe batessem à porta.

Nossa casa parecia um hospital — tantos eram os doentes que se acumulavam em tratamento dentro de nossa casa.

Acolheu vários velhinhos desamparados e doou oito lotes de terra para que fosse construído um asilo aos velhos abandonados.

Criou oito filhos e ainda teve lugar em seu coração para abrigar mais quatro crianças órfãs.

Mamãe dizia: basta dividir mais um pouquinho. E assim ela nunca recusou o pão a quem o solicitasse.

Crianças, a virtude nem sempre está em feitos

aparatosos. É cumprindo bem os deveres e fazendo um pouquinho mais que o dever, que se chega a dar felicidade a alguém.

O dever é o limite a que não podemos faltar... A caridade, porém, vem depois e é maior que o dever.

HISTÓRIA BONITINHA

Maria Eildina de Santana Roriz

A cada meio-dia, um pobre sertanejo entrava na Matriz, situada na praça principal da cidade, saindo rapidamente poucos segundos depois. Suas idas e vindas despertaram a atenção do pároco que, um dia, sem muito lero-lero, perguntou-lhe de supetão, à saída do templo.

— O que você vem fazer aqui na igreja, meu bom velho, entrando e saindo tão rapidamente, todos os dias?

— Venho rezar — respondeu o velhinho, sem pestanejar.

— Mas é muito estranha essa forma sua de rezar — retrucou o pároco. — Não acredito que você reze tão rapidamente.

— É muito fácil de explicar, amigo. Na verdade, eu não sei recitar aquelas orações compridonas que se encontram nos livros bem encadernados. Por isso, todo santo dia eu entro na igreja e só digo: "Oi Jesus, é o Zé." E num minuto já estou de saída, voltando para minha carrocinha de vender mariola. É só uma frase bem curtinha, mas tenho a certeza de que Ele me escuta.

Alguns dias depois, o velho Zé sofreu um acidente e foi internado num hospital beneficente. Na enfermaria, durante a permanência, passou a exercer uma grande influência sobre todos, conquistando-os pela simpatia e imensa fidelidade aos ensinamentos do homem de Nazaré. Os doentes mais tristes tornaram-se alegres e muitas risadas foram ouvidas, transformando o ambiente triste de quase toda a enfermaria num local onde uma fraternidade grassava por todos os recantos.

— Zé — disse-lhe a irmã mais nova quando da visita semanal —, os outros doentes estão dizendo que foi você quem mudou tudo, aqui na enfermaria. Eles dizem que você está sempre muito alegre e de bem com a vida.

— Verdade verdadeira, maninha. Estou sempre muito alegre. É por causa de uma visita que recebo todo finzinho de manhã. E ela me faz muito feliz, me deixando sempre com vontade de querer mais.

A irmã ficou curiosa para saber quem seria a tal visita. O Zé era um velho solitário, há muito tempo viúvo sem filhos.

— Que visita importante é essa, Zé?

— Todos os dias, por volta do meio-dia, ela chega de mansinho, fica em pé perto da cama e do meu rosto, passa as mãos nos meus cabelos, sorri para mim, e diz de um jeito bem maneiro: "Oi, Zé. É Jesus. Tás melhor?" E eu respondo que tou sempre ótimo, sentindo-me feliz, bem pertinho d'Ele.

MÃE, QUEM É VOCÊ?

Maria Helena Gouveia

Mãe, Quem é Você?
Se estou feliz, quantas vezes
te esqueço; se estou triste,
quantas vezes te procuro.

Mãe, Quem é Você, que eu critico, de quem eu exijo coisas tão pequenas para satisfazer a minha comodidade, mas a quem peço a maior ajuda nos instantes mais difíceis?

Mãe, Quem é Você, para quem eu tantas vezes esqueço o meu carinho, e de quem exijo tanta atenção?

Mãe, Quem é Você, com quem discuto e para quem peço conselhos?
Mãe, Quem é Você, para quem reclamo sempre, e para quem guardo
o abraço maior e a maior ternura.

Mãe, eu sei, Você só é Amor.

ORAÇÃO DE UM FILHO ADOTIVO

Antonio de Godoy Sobrinho

Alguém, um dia, me abandonou em um hospital quando ainda tinha apenas três meses de vida. Não sei por que fizeram isso comigo! À semelhança de todas as outras crianças que sofrem, sofri muito em conseqüência dos erros dos adultos. Paguei muito caro por males que não cometi! Porém, não tenho nenhum rancor de quem me abandonou. Depois de tratado no hospital, levaram-me para um orfanato, onde só conheci tios e tias, pois foi assim que me ensinaram a chamar a todos os que me cercavam. Queria balbuciar a palavra mãe e ensaiar a palavra pai. Mas, quem me ouviria? Ninguém!... Nas noites frias e geladas, quantas vezes estas palavras ficaram entaladas em minha garganta.

Que encanto, Senhor, foi poder chamar, pela primeira vez, alguém de mãe e alguém de pai. Estas duas palavras mágicas me conduziram aos páramos da felicidade. Agora me parecia que todos os tios e tias do mundo tinham morrido e que em toda parte, tu fazias nascer só mães e pais. Agora o sorriso de todas as faces pareciam raios de sol fulgente e o gesto de todas as mãos pareciam salvas pejadas de amor. Eu tinha renascido! Eu tinha revivido!

MINHA MÃE!

Emilio Sounis, membro da Academia Paranaense de Letras

Minha mãe! Minha mãe! Como é triste
Caminhar pelo mundo, abandonado...
Como dói a saudade que persiste!
Como dói viver só e amargurado!
Minha mãe! Minha mãe! Já não existe
Alento no meu peito desolado.
Meu sofrimento, desde que partiste,
Deixou-me pesaroso e inconformado.
Consola-me a certeza que tu'alma,
Tão nobre, tão paciente e tão sofrida
Hoje repousa em Paz e Harmonia.
Nessa nova existência, doce e calma,
Que Deus te reservou, na nova vida,
Eu gostaria de encontrar-te um dia...

MINHA MÃE

Julia Lopes de Almeida

Quando olho para minha mãe e penso que os seus braços débeis me sustiveram sempre sem desfalecimento; que nos seus seios suguei e hauri toda a força da vida que me anima; que as suas pálpebras nunca fecham sem que a minha imagem e a de meus irmãos fiquem guardadas nas suas pupilas amorosas; que nunca suspirei sem que o meu suspiro deixasse de penetrar até o fundo da sua alma radiante; que nunca tive uma dor sem que ela assistisse à minha cabeceira, quer fosse dia claro ou noite escura; que nunca tive uma dúvida, que ela não procurasse esclarecer, auxiliando-me a compreender os mestres e a respeitar os homens.

Quando olho para sua fronte pálida e me lembro de que o pensamento que avulta e predomina lá dentro é o do bem-estar e o futuro dos filhos, quando sinto a carícia das suas mãos infatigáveis, ora alisando os cabelos de minhas irmãs, ou cosendo as roupas que nos agasalham, ora espalhando pela casa os benefícios de seu esforço; quando lhe ouço a voz advertindo, aconselhando, perdoando, sinto acender-se no coração, como uma estrela, o desejo de ser bom, de ser o que ela quer que eu seja, e fazê-la no mundo a mais feliz das mulheres.

MINHA MÃE

Mariluce Matias

Adeus para sempre, minha mãe querida!
Quieta, muda, corpo enrijecido em quase transe,
naquele dia inesquecível e trágico,
senti ir embora parte da vida!

A dor e o medo da solidão,
Assolava minha alma e o meu coração.
Somente o vazio era companheiro constante.

Olhava inebriada o teu corpo inerte!
Vontade incontrolável de ir contigo, confusão de sentimentos.
Emoções desconhecidas agitavam meus pensamentos.
Mãe, por que partiste tão cedo?

Passados tantos anos, ainda te recordo!
Inesquecível és para mim que tanto te amo,
Vejo-te na Glória de Deus, excelsa, me amando.

MINHA MÃE

Lauritta Fonseca dos Santos

Minha mãe já foi bonita.
Entre as moças, a mais bela.
Tornou-se mãe, sofreu tanto,
e, quantas vezes, vi o pranto
correr-lhe na face.
Trabalhava noite e dia;
mas doze filhos vestia
sem que nada lhes faltasse.

Eis tudo o que peço agora:
conceda, nossa Senhora,
mais alguns anos de vida
a essa santa que tanto quero.
Essa santa que venero
é minha mãe, sempre querida.

MINHA MÃEZINHA

J.G. de Araujo Jorge

A coisa melhor da vida
ao nascer me aconteceu:
— foi a mãezinha querida
que, por sorte, Deus me deu.

Agora eu sou pequenino
mas quando um dia crescer,
vou zelar por seu destino,
vou cuidar do seu viver...

Foi bom eu nascer menino
Pra mãezinha proteger.

MINHA MÃE

Osmar Silva

Ó mãe, que por nós sofreste tantas dores.
E envelheceste cedo sob mil cuidados,
Que resumiste em nós os teus amores,
Quanto peso bruto nos ombros cansados!

É sublime o amor da mãe aos filhos seus!
Como é frágil o amor dos filhos, Santo Deus!

Ó mãe que tudo deste, sem nada pedir,
A não ser o bem dos filhos, ao Criador;
Que choraste tantas lágrimas a sorrir,
Ainda choras e és feliz no teu amor!

Tu nos deste, integral, o teu carinho.
Na estrada, nos guiaste, desta vida,
Transformaste em flores as urzes do caminho,
E nós?... Que te demos, mãe querida?...

Sofrer ingratidão, mágoa, desgosto
E essas rugas profundas no teu rosto!

CORAÇÃO GRANDE

Um grupo de estudantes do primeiro ano de medicina estava visitando o laboratório de anatomia, onde havia vários órgãos humanos para serem estudados. O professor tomou nas mãos um coração, cujo tamanho era bem maior que o considerado normal.

— Algum de vocês saberia dizer a quem pode ter pertencido esse coração? — indagou o mestre, esperando que os alunos respondessem que se tratava de algum doente cardíaco.

Um rapazinho, no meio da turma, respondeu:

— Certamente esse foi um coração de mãe, professor!

RETRATO DE MÃE

Jorge Tufic

I

Teus cabelos castanhos, tuas tranças
fazem lembrar as madres de Cartago.
Doce mãe, sombra tépida, murmúrio
de sonâmbulas fontes; poucos sabem
teu nome, enquanto, fatigada embora,
dás-nos o pão e o leite, a flor e o fruto.
Poucos sabem te amar enquanto viva
e, quando morta, poucos também sabem
da fraqueza que em força transformavas.
Ai, retrato de mãe, quanto mistério
se converte na tímida lembrança
destes álbuns que lágrimas sulcaram.
Na verdade, Ramón, só de lembrá-la
um soluço arrebenta-nos a fala.

II

Em tudo, minha mãe, te vejo e sinto.
Neste verniz antigo, neste cheiro
suavíssimo que vinha do teu corpo,
do pólen de tuas mãos, do hortelãzinho.

Em tudo, minha mãe, teu vulto amado
se desenha mais firme, e, lentamente,
vem dizer-me aos ouvidos qualquer coisa
destes anos que pesam sobre mim.
Em tudo, minha mãe, vejo este lenço
que à passagem da dor recolhe o traço
do sorriso que foste a vida inteira.
E, mesmo quando morta, entre açucenas,
ainda ressai de ti, poder divino,
a canção que adormece o teu menino.

III
Fui pedir ao canário que me desse
um raspão do seu canto fragmentário;
fui às nuvens do céu pedir mais nuvem
para o leve pedal que emite a voz;
debrucei-me, também, sobre os regatos
em busca de tua face; a brisa, enfim,
tentara descrever-te, mas não pôde.
Andei, assim, por montes e calvários.
Ajoelhei-me ante o Cristo, bebi vinho.
Nada pude captar, nenhum remorso
fora maior que o meu nessa procura.
Somente agora, mãe, na tecelagem
destes versos que fiz para louvar-te,
em tudo posso ver-te e posso amar-te.

IV

Que restara de ti, dos teus pertences?
Um vestido de linho desbotado,
um sapato comum, chinelo torto,
e nada mais, ó nuvem, se restara.
Tudo posto num saco humilde e roto.
Eu quis, então, medir esse legado,
mas limites não vi para a tristeza.
Davas a sensação de que o tesouro
se enterrara contigo. E era tão leve
quanto um sopro lilás, cantiga doce,
mansidão perdulária, água de fonte.
Como dizer-te verdadeiramente
numa sílaba só? Que eternidade
pode igualar-se à voz desta saudade?

V

Foi lendo-te, Challita, que no breve
mapa do nosso Líbano deparo
a infância de minha mãe: ouro e neve,
o monte, a vida, o sol e o clima raro.

Chat-il-baher, Batrun. Que tinta escreve
o som, a voz, a luz e este disparo
de asas que me escravizam? Tanto deve
ter sido ela feliz e o tempo claro.

Mas o fado, Challita, esse outro mapa
que em suas mãos eu lia, é tão diverso
daquele em que se nasce e nos escapa.

Brisa mediterrânea, fêmea austera,
seu martírio, depois, lento e perverso,
ainda assim nos trazia a primavera.

VOCÊ, MINHA MÃE

Mayra Araújo Martins de Almeida, 11 anos

Mãe, é você que nos dá carinho
quando estamos com medo
do bicho-papão.

É você que nos ajuda a tirar notas
boas no colégio.

Quando estamos com dificuldades
é você que procuramos em primeiro lugar.
Mãe, você é uma, duas, três amigas!
Você é que cuida do meu coração
quando ele está ferido.
Mãe, te devo toda a minha vida.

LEMBRANÇAS

Autor desconhecido

Mamãe,
Há um ano você partiu.
Para nós, mamãe, você não morreu.
É pura ilusão,
Porque a morte não existe!
A vida é a mesma.
E você continua viva, bem viva,
No coração dos seus filhos
E no daqueles a quem você tanto ajudou.
Houve apenas, mamãe, uma transformação
Em sua maneira de ser,
Se hoje já não sentimos o seu abraço,
E nem ouvimos a sua palavra,
Nós vemos sempre o seu sorriso,
Dando-nos sua bênção protetora
Ao lado do Pai Celestial.

A MÃE PRETA

Autor desconhecido

Cabisbaixa numa igreja
Aos pés da Virgem Santíssima
A mãe preta rumoreja
Uma oração que viceja
Em cada lágrima alvíssima.

Tem um filho na favela,
Debatendo-se na lida
Nas durezas da procela,
E por ele acende vela,
Velando por sua vida.

À Virgem a preta implora
De coração, com calor,
E a Santa que as mães adora
Quando uma mãe sofre e chora
Sempre lhe consola a dor...

E, na torre, docemente,
Toca o sino nesse dia,
Alegre e continuamente
A fazer à mãe presente
Em cada Ave-Maria!

A MORTE DAS MÃES

Edmond Saad

Um filho descreve a morte da mãe.
Depois que os médicos consideraram-na um caso perdido, sua saúde começou a melhorar. Sua pele amarelada retomou gradativamente a cor natural. Sua energia voltou. Recomeçou a escrever e a revisar os poemas de sua projetada coletânea. Alegramo-nos, e a esperança substituiu o desespero.

Mas, horror! breve o mal atacou-a de repente com maior violência. Sua cor empalideceu de novo. Suas forças a abandonaram. Conservou-se, todavia, mentalmente alerta. Mais de uma vez pediu-me que trocasse uma palavra ou uma expressão em seus poemas, pois sua mão não mais conseguia segurar a caneta.

Sabia que sua hora se aproximava, mas fingia não o perceber para não nos fazer sofrer, como confessou em segredo a meu pai.

Continuou a definhar dia após dia até que não pôde mais nem falar nem comer. Continuou, contudo, a mover os olhos para dizer "sim" ou "não". Nós três permanecíamos a seu lado dia e noite.

Anteontem, às 10h da manhã, pôs-se a nos contemplar um a um com olhos onde se lia a tristeza da despedida. As lágrimas correram pelas suas faces, e ela entregou a alma aos anjos que sentíamos presentes em volta dela. (Edmond Saad, Líbano. De uma carta enviada a seus parentes no Rio de Janeiro.)

MÃE

Milton Gomes Batista

Posso me considerar privilegiado por ser filho da mãe que tive, simples e não letrada, mas sabendo o suficiente para não me deixar entrar inteiramente analfabeto na escola; justa o bastante para me ensinar que, para ser respeitado, um homem precisa saber respeitar; suficientemente filósofa para conscientizar-me de que o TER se faz e se desfaz como as nuvens, porém o SER transcende a sepultura; bastante equilibrada para mostrar-me que, na verdade, nosso crédito junto a terceiros não vai além do que temos no bolso; suficientemente enérgica para não me poupar dos corretivos merecidos, mesmo com todo o carinho dado aos filhos.

Hoje, mamãe, vives nessa região longínqua de onde não se volta nunca; imagino esse momento cruel em que te encontrastes, longe de mim, entre a vida e a morte, em que se pensa no que não foi realizado e nunca o será.

Imagino que deves ter fechado teus belos olhos, a consciência em paz, para permanecer sempre tão bela quanto sempre foi. E já que habitas agora esse país desconhecido dos vivos onde as cartas nunca chegam, vou dizer-te Boas-Festas como se nada tivesse mudado. Como antigamente, quando era pequeno e que à noite, antes de dormir, te dizia Boa-Noite e que vinhas te sentar a meu lado e me acariciavas a fronte para verificar se estava com a temperatura certa... Boas-Festas, mamãe."

 (E.H., A *Revista do Líbano*)

MÃE

Rinaldo Rosendo

Tua falta me entristece
sinto tanta solidão
às vezes sinto um aperto
dentro do meu coração
nada é como era antes
acabou-se a emoção
tudo está tão devagar
já não sei o que é amar
vivo a perambular
no mundo sem direção

ORAÇÃO DE MÃE

Ana Moreira de Andrade

Senhor,
Meu filho partiu,
nem as sandálias levou...
O anel esqueceu...
A roupa da Festa
na gaveta deixou...
Traga-o de volta, Senhor!

O mundo é cruel,
A vida tem muita dor...
Traga-o de volta, Senhor!

POEMA PARA MARIA COUTINHO

Lair Mattar

Mãe,
como é que previas
o tamanho exato
das travessas,
que cobriríamos
com teus paninhos
de crochê?

Das inutilidades da casa,
sabias separar, docemente,
pequenos objetos —
tomadas elétricas,
rolhas de cortiça, parafusos e preguinhos —
com que comporíamos
a tua ausência,
nas pequenas emergências.

E como sabias também
o tamanho da saudade,
deixaste teu riso gordo,

no fundo das licoreiras,
ressonando matas
e antigas cavas,
do Tombadouro.

MAMÃE

Herivelto Martins e David Nasser

Ela é a dona de tudo.
Ela é a rainha do lar
Ela vale mais para mim
Que o céu, que a terra, que o mar.
Ela é a palavra mais linda
Que um dia o poeta escreveu.
Ela é o tesouro que o pobre das mãos do Senhor recebeu.
Mamãe, mamãe, mamãe,
tu és a razão dos meus dias
tu és feita de amor, de esperança.
Ai, ai, mamãe, eu cresci, o caminho perdi
volto a ti e me sinto criança.
Eu te revejo, o chinelo na mão,
o avental todo sujo de ovo.
Se eu pudesse, eu queria outra vez, mamãe,
começar tudo,
tudo de novo.

LEMBRANÇA DE MÃE

Jorge Tufic

Venham fios de luz, aromas vivos
misturar-se às palavras, à centelha
do louvor mais profundo deste filho.
Venha o trigo do Líbano, a maçã
de que tanto palavreavas; venha a brisa
tecer, mediterrânea, esta saudade
que vem de ti quando por ti me alegro.
Que venha a primavera, saturando
vales, planícies, colorindo os montes.
Noites de luar caiando os muros altos.
Venha a pedra da igreja onde ficaste
quando em febre te ardias. Venham lírios
rebrotados de ti, dos teus martírios.

MÃEZINHA QUERIDA!

Teresa Cristina Kfuri

Ao olhá-la hoje, em sua cadeira de balanço, com os cabelos prateados e o rosto marcado pelo tempo, me reporto ao passado...
Relembro, mãezinha, da época em que eu era criança, da meiguice de seu olhar ao me surpreender com alguma travessura...
Suas mãos incansáveis em constante labuta, ora fazendo deliciosos quitutes...
ora me acalentando quando sentia dor...
À noite, tecendo maravilhosos vestidos para que me pudesse apresentar bonita nos recitais...
E que linda oração me ensinou...
Quando ouvia sua voz maviosa a cantar, como me envaidecia!
Era feliz e orgulhosa em possuir uma mãe com inúmeros predicados...
Adorava vê-la se penteando e maquiando...
Pensava comigo mesma: Minha mãe é linda!
É a melhor mãe do mundo!
Às vezes, mãe, furtivamente a olhava acariciando meu pai e dizia para mim mesma:

Quando casar, me espelharei no exemplo de meus pais! Como se amam, se
complementam. São tão amigos!
Quando cresci, querida, fazíamos confidências sobre o primeiro namorado...
Como era evoluída! Parecíamos duas amigas, não mãe e filha...

OFÍCIO DE MÃE

Iramya de Queiroz

Tudo no mundo tem sua destinação, seu fim.
As flores para perfumar — quando têm perfume —
As crianças para crescer,
As mães, essas, foram feitas para
Sofrer e chorar.
Chorar com e pelos seus filhos
Lutar por eles, e sofrer com eles,
Sentindo como suas as dores deles.
E, mesmo depois,
Quando essas dores passam
E eles vão viver suas vidas,
Cabe ainda a elas o ofício de
Sofrer e chorar
A ausência deles.

MAMÃE

Regina Elene

Mamãe, eu não queria
fazer você chorar
tirar sua alegria
pra vir me consolar

Mamãe, eu sou culpada
por você não viver
sei que daria o mundo
pra não te ver morrer

Mamãe, hoje os meus olhos
pra sempre irão dormir
espero que algum dia
você os faça abrir

E quando a minha boca
você não escutar,
mamãe tenha certeza,
que eu fui pra não voltar

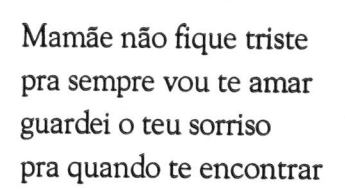

Mamãe não fique triste
pra sempre vou te amar
guardei o teu sorriso
pra quando te encontrar

Mamãe quando o teu rosto
na noite se ofuscar
me faço de espelho
pra você me olhar

MAMÃE!

Eder Leal

Eu gostaria que você soubesse...
A saudade que tenho de você.
Mistura-se à lembrança de um passado
tão intenso e tão cheio de sua presença.

Acolheu-me tanto em seu colo de nuvem,
nas longas noites de minha infância.
Sofreu comigo nas minhas madrugadas doloridas,
Onde só nós dois vigiávamos todos os passos do medo.
Mamãe, nem o inexorável andar dos anos venceu você...
Que ainda vem comigo... E, a cada passo, ainda abre os braços...
E estende as mãos... E sorri... "Meu filho, estou aqui!"...

Pois eu gostaria que vocês soubessem...
A um tempo, todas as mães passam, voam...
Como a ave branca da paz, para os jardins do Céu.
E lá ficam, se renovam esperando pelos filhos
para a eterna vida e para o verdadeiro Amor!

DOCES DA MAMÃE

Maria Luiza Negrelli de Campos

Compoteira me faz lembrar
De muita coisa gostosa:
Doce de coco, branquinho,
De goiaba ou figo em calda,
De leite meio cremoso
De pêssego verde ou amarelinho
De mamão com ou sem coco
De laranja-da-terra, semi-amarga;
Que hoje quase não se faz.

Nas lembranças do passado
De alguém querida demais
Dona Andrelina, que saudade
Do tempo que não volta mais!

Te amo, saudosa mãe!!!

DEUS CRIA A MÃE

Paulo Coelho

Deus chamou o seu anjo mais querido, e lhe apresentou o modelo de mãe. O anjo não gostou do que viu:

— O Senhor tem trabalhado muitas horas extras, já não sabe mais o que está fazendo — disse o anjo. — Olhe só! Beijo especial que cura qualquer doença, seis pares de mãos para cozinhar, lavar, passar, acariciar, segurar, limpar: isso não vai dar certo!

— O problema não são as mãos — respondeu Deus. — São os três pares de olhos que precisei colocar: um que permita ver seu filho através de portas fechadas, e protegê-lo de janelas abertas. Outro para mostrar severidade na hora de dar uma educação sólida. E o terceiro para ficar constantemente demonstrando amor, ternura, apesar de todo o trabalho que ela terá!

O anjo examinou o modelo de mãe com mais cuidado:

— E isso aqui, o que é?

— Um dispositivo de autocura. Ela não terá tempo de ficar doente, vai ter que cuidar do marido, dos filhos, da casa.

— Acho melhor o Senhor descansar um pouco — disse o anjo. — E voltar para o modelo normal, com dois braços, um par de olhos, etc.

Deus deu razão ao anjo. Depois de descansar, transformou a mãe numa mulher normal. Mas alertou o anjo:

— Precisei colocar nela uma vontade tão grande, que se sentirá com seis braços, três pares de olhos, sistema de autocura. Ou não será capaz de dar conta da tarefa.

O anjo examinou-a de perto. Desta vez, em sua opinião, Deus tinha acertado. De repente, notou uma falha:

— Ela está vazando. Acho que o Senhor, de novo, colocou muita coisa neste modelo.

— Não é um vazamento. Chama-se lágrima.

— Serve para quê?

— Para alegria, tristeza, desapontamento, dor, orgulho, entusiasmo.

— O Senhor é um gênio — disse o anjo. — Era justamente o que estava faltando para o modelo completo.

Deus, com um ar sombrio, respondeu:

— Não fui eu quem colocou. Quando eu juntei as peças, a lágrima apareceu.

Mesmo assim, o anjo deu parabéns ao Todo-Poderoso, e as mães foram criadas.

DIA DAS MÃES

Ghiaroni

Mãe, eu volto a te ver na antiga sala,
onde uma noite te deixei sem fala,
dizendo-lhe adeus como quem vai morrer.
E me viste sumir pela neblina
porque a sina das mães é esta sina:
amar... cuidar... criar... depois... perder.
Perder o filho é como achar a morte,
perder o filho quando, grande e forte, podia
ampará-la e compensá-la.
Mas nesse instante uma mulher bonita,
sorrindo o rouba; e a velha mãe aflita
ainda se volta para abençoá-la.

... Eu te esqueci. As mães são esquecidas.
Vivi a vida, vivi muitas vidas.
E só agora, quando chego ao fim, traído pela
última esperança;
e só agora quando a dor me alcança,
lembro quem nunca se esqueceu de mim.

Não! Eu devo voltar, ser esquecido!
Mas que foi? De repente, ouço um ruído!
A cadeira rangeu! É tarde agora!
Minha mãe levanta-se e, me envolvendo em um milhão de abraços,
rendendo graças, diz "meu filho" e chora.
E chora e treme como fala e ri
E parece que Deus entrou aqui,
em vez dos últimos condenados.

E o seu pranto rolando na minha face
Quase é como se o céu me perdoasse e
Me limpasse de todos os pecados!
Mãe! Nos teus braços me transfiguro.
Lembro que fui criança, que fui puro.

Sim, tenho mãe. E esta aventura é tanta
que eu compreendo o que significa:
O filho é pobre, mas a mãe é rica.
O filho é homem, mas a mãe é santa!

Santa que eu fiz envelhecer sofrendo
mas que me olhas, agradecendo
toda a dor que por mim te foi causada.
Dos mundos onde andei, nada te trouxe
mas tu me olhas num olhar tão doce
que nada tendo, não te falta nada!

Dia da mães! É o dia da bondade,
maior que todo o mal da humanidade,
purificado num amor fecundo.
Por mais que o homem seja um ser mesquinho,
enquanto a mãe cantar junto ao bercinho,
cantará a esperança para o mundo!

O ADEUS DE UMA MENINA

*Últimos versos de um poema escrito por
uma menina de 12 anos.*

Mamãe, responde-me!
Partiste para sempre, mamãe,
naquele caixão escuro?
Eu seguia-te, de pés desnudos
e chorando.
Por que me abandonaste?
É mesmo para sempre?
Para sempre vai ficar muda?
Fiz algo que te desagradou?
Prometo nunca fazê-lo outra vez.
Mas responde-me, responde...

MEU ADEUS

Idamar Caixeta Bernelli

Queridos pais, é esta a hora;
Aqui deixo a minha despedida...
Agradeço o muito que fizeram
De grande e bom, em minha vida.
Estes pobres versos são lamentos
Dum coração que é partido agora.
Dele, metade a vocês se une,
Outra, comigo, ir-se-á embora.
Vinte anos vivi, só de alegria.
E se hoje parto, fico aqui também
E o carinho recebido um dia
É o que levo de supremo bem!
Hoje que vou, cheia de esperança
Sigo em busca da felicidade.
Mas esta, se a encontrar, será envolta
Num véu de doce e cruel saudade.
E quando a tristeza atingir minh'alma
Relembrando meu passado aqui,
Chorarei sim, e então a calma
Virá em breve e me fará sorrir,
Pois a lembrança do que já vivi

Dar-me-á forças para prosseguir!
Hoje sou misto: dor e alegria,
Sou hoje angústia e serenidade,
Hoje sou pesar e euforia.
Amanhã, eu sei, serei saudade!
E o lar que construirei lá fora
Será deste lar a continuação;
E os frutos que meu amor tiver
Terão suas raízes neste chão.
Adeus, anjos queridos, na jornada,
As suas sombras seguirão comigo.
E se me ferir, um dia, a árdua estrada,
Sentir-me-ei consolada nesse abrigo.
Nesta hora em que os deixo, pais queridos,
O amor mais puro no meu peito exala.
Um pesar atroz em meu peito grita;
E sinto assim que minh'alma se cala
Ante a dor cruel que esse adeus suscita!
E, mal contendo, nesta despedida,
As lágrimas que me embaçam o olhar,
Peço-lhes que orem pela nova vida
Desta filha que nunca os deixará de amar.

AS MÃES NUNCA MORREM

Patrícia Espírito Santo

A saudade é um sentimento natural. As lágrimas que as lembranças provocam são saudáveis, desde que não sejam descontroladas, carregadas de revolta e angústia.

Quando restabelecido, o coração materno continua a guiar os passos dos filhos, sofrendo com eles cada derrota e comemorando cada vitória. Elas têm a certeza de um dia, breve diante da eternidade, reencontrar num mesmo plano seus filhos. E eles, baseados na fé, sabem também que as mães nunca morrem.

SER MÃE

Casto José Pereira

A paisagem era triste e desoladora... O luto e a dor davam notícias da devastação que a guerra propiciara...

Os gritos de horror se faziam ouvir nas almas dilaceradas daqueles que a morte não arrebatara...

Eles estavam ali como adornos vivos do quadro de miséria e fome que restara da Segunda Grande Guerra...

Entre os sobreviventes havia uma mãe buscando, desesperadamente, saciar a fome do filho querido.

O pequenino sugara o seio materno em vão, pois o leite já havia acabado há muito, por falta de alimentação da mãe.

As horas se escoavam, e a solução não chegava...

A fome do filho amado se fazia ouvir nas profundezas da alma, no choro de agonia...

Aquela mãe sentia a vida se extinguir como uma vela que se apaga lentamente... E porque o seu amor era maior que a própria existência, tomou uma lâmina e cortou a veia do braço para saciar com o próprio sangue a fome do filho querido.

Na medida em que o filho sugava, com voracidade, o alimento, os braços maternos iam perdendo as forças, e em poucos dias, aquela mãe se despedia da vida física, deixando o fruto do seu amor na face da terra.

O socorro chegou e fez com que o esforço daquela mãe não fosse em vão...

O filho cresceu e pôde, durante toda a existência, homenagear a heroína que dera a vida para salvar a sua.

É A MÃE

Lúcia Rito

É a mãe
Saudade de filha, saudade de mãe.

A falta da primeira, apaixonada e cada vez mais ausente de casa, despertou uma sensação que eu julgava perdida — vontade de sentar no colo, ouvir uns conselhos, receber uns carinhos. Saudade da minha mãe...

Mãe que me ensinou a amar a vida, a gostar de me arrumar, de ter a casa sempre linda, de apostar na felicidade de estar cercada de filhos e amigos.

Hoje, quando penso em minha mãe — que não se limita a uma imagem esmaecida em dezenas de fotos —, ela parece reviver em mim, e ainda me emociono ao sentir, tantos anos depois de sua morte, o quanto ela fez por nós.

Minha mãe morreu aos 46 anos, muito jovem. Mas, na verdade, ela nos deixara oito anos antes — quando eu tinha 18 — e ela, operada de um tumor no ouvido, havia ficado paralítica.

Por causa da doença, não vivi com minha mãe

minha adolescência. Não pude compartilhar com ela minhas descobertas de mulher, tirar dúvidas em relação às minhas filhas, mostrar-lhe minhas conquistas afetivas, materiais, profissionais.

Ao olhar minhas filhas com a idade que eu tinha quando ela se foi, descubro como essa falta marcou minha vida, como o choque de vê-la voltar do hospital para casa, inerte, mexeu com toda a família.

A ausência dessa mãe num período de crescimento em que as dúvidas são tantas fez com que eu e minhas duas irmãs, criadas até ali como bibelôs, tivéssemos uma caminhada muito acidentada.

AS MÃES

Temple Bailey

A jovem mãe iniciava seus passos na estrada da vida.

"É longa a estrada?", perguntou ela.

"Sim", respondeu-lhe o guia: "O caminho é longo e cheio de dificuldades. Envelhecerás antes de chegares ao ponto final; mas esse final será melhor do que o início."

E a jovem mãe sentia-se tão feliz que não podia crer na possibilidade de dias melhores do que os do presente. Então, brincava com os filhinhos, colhia-lhes flores ao longo do caminho, banhava-se com eles nas águas límpidas dos regatos; e o sol brilhava sobre eles; a vida era boa, e a jovem mãe exclamou: "Nada haverá mais belo, mais encantador do que isto!"

Desceu, então, a noite; desabou o temporal; a estrada era escura; os filhos, tremendo de frio e medo. E a mãe, aconchegando-os a si, agasalhou-os com seu manto; e as crianças, protegidas, murmuraram: "Oh, Mamãe, nada mais temeremos pois está conosco, e mal algum nos pode sobrevir!" E a mãe exclamou: "Isto é mais valioso que o esplendor do dia, pois ensinei meus filhos a serem corajosos."

Raiou a manhã seguinte. Eis uma montanha à frente. Começaram a subir; os filhos sentiam-se cansados; a mãe sentia-se cansada também; mas animava-os a todo instante, dizendo-lhes: "Um pouco de paciência e chegaremos ao alto." Assim, as crianças iam subindo, subindo... e ao chegar ao topo da montanha, disseram: "Não poderíamos subir e vencer sem o teu auxílio, Mamãe." E a mãe, ao deitar-se àquela noite, contemplando as estrelas, exclamou: "O dia de hoje foi melhor que o de ontem, pois meus filhos adquiriram força em face das dificuldades. Ontem, dei-lhes coragem; hoje, dei-lhes vigor."

E o dia seguinte raiou com estranhas nuvens que escureciam a terra — nuvens de guerra, ódio e pecado. Os filhos, caminhando às apalpadelas, tropeçavam; e a mãe animava-os: "Olhem para cima; levantem o olhar para a luz." E eles, erguendo os olhos, divisaram, além das nuvens, uma Glória Eterna que os guiou e os protegeu na jornada através da escuridão. E, ao findar aquele dia, exclamou a mãe: "Este foi o melhor de todos os dias, pois hoje revelei Deus a meus filhos."

Iam-se passando os dias, as semanas, os meses, os anos... E aquela mãe chegou à velhice... ela sentia-se definhada, curvada sob o peso dos anos. Mas seus filhos estavam crescidos, fortes, cheios de coragem. E quando a estrada se tornava difícil, eles a auxiliavam; quando o caminho era áspero e pedregoso, tomavam-na nos braços, pois era delicada como uma pena. Depois de algum tempo, chegaram a uma colina, e além dessa colina distinguiram uma estrada brilhante, terminada por largos portões dourados.

E a mãe exclamou: "Cheguei ao fim da jornada. Agora eu sei que o termo é melhor do que o princípio, pois meus filhos podem andar sozinhos, e seus filhos depois deles."

E os filhos lhe disseram: "Tu andarás sempre conosco, Mamãe; mesmo depois de haveres atravessado os portões."

E eles esperaram, vigiando-a enquanto seguia sozinha, até que os portões se fecharam sobre ela. Então exclamaram: "Nós não a podemos ver, porém, ela ainda está conosco. Uma mãe como a nossa é mais do que uma memória. Ela é uma Presença Viva."

ENTRE DUAS SAUDADES

Mamãe,
Com este ano completam oito
Que a morte insensível
Do nosso convívio lhe arrebatou,
Ficando uma saudade sem fim.
E agora, com a ida de papai,
Para o seu lado, na eternidade,
A tristeza ainda mais aumentou,
Deixando-me entre duas saudades.

Saudade de você, mamãe,
Do seu amor verdadeiro,
— Sacrossanto e puro amor —
Que só as mães sabem dar!
Saudade dos seus conselhos,
Ensinando os filhos seus
A carregar a cruz da vida;
Saudade de sua imagem
De caridosa e paciente,
De digna e virtuosa mulher!

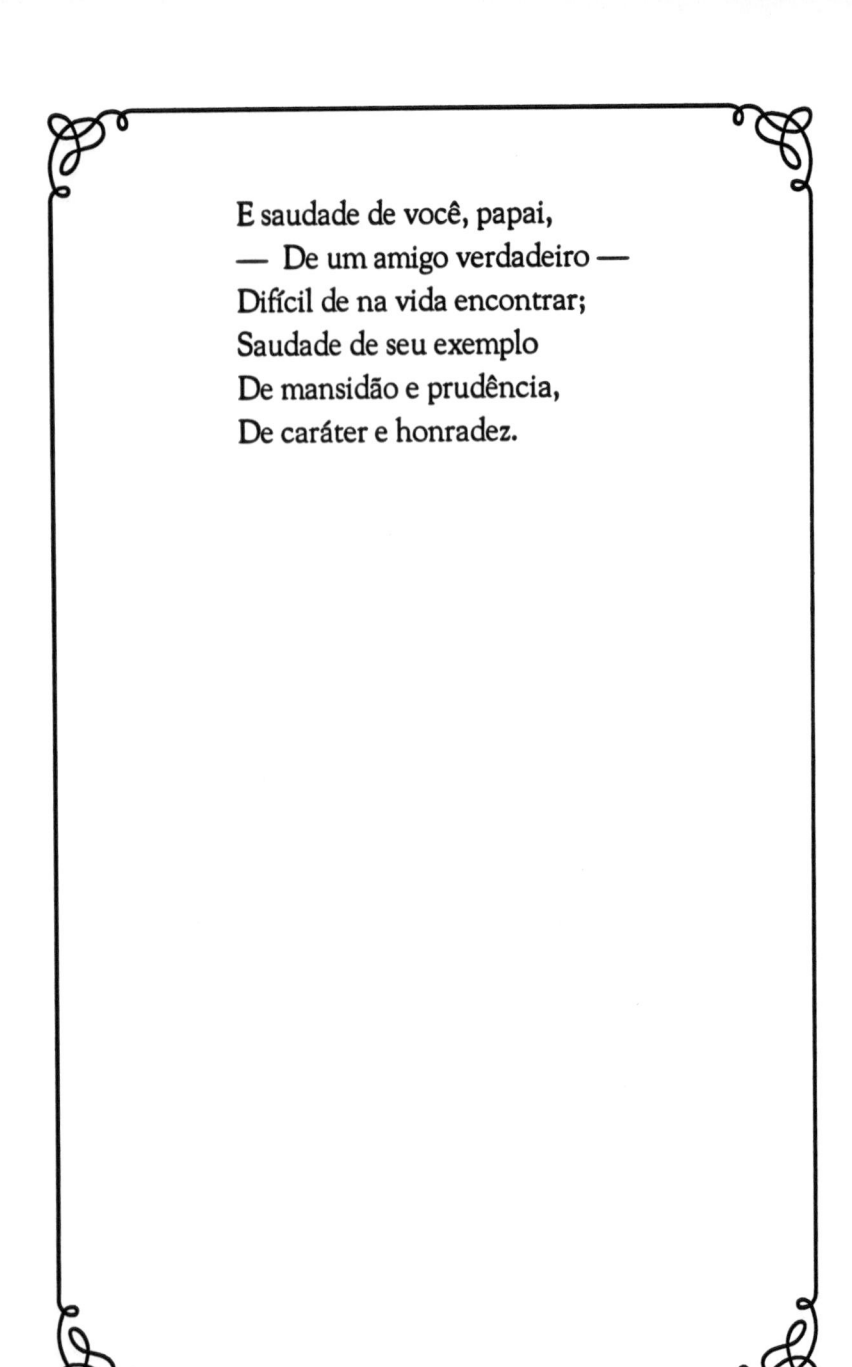

E saudade de você, papai,
— De um amigo verdadeiro —
Difícil de na vida encontrar;
Saudade de seu exemplo
De mansidão e prudência,
De caráter e honradez.

UM DESENCONTRO

Tônia Carrero — atriz, um filho, dois netos, dois bisnetos

A maternidade não resolve a vida de ninguém. Você deve ser um veículo de nascimento, de luz, trazendo uma nova pessoa ao mundo. A maternidade não é feita para escravizar o filho à mãe ou vice-versa.

Fui insubordinada, uma ovelha negra. Com 17 anos eu me casei e encerrei minha conversa com meus pais. Eles não me entendiam, eu achava tudo careta.

Meu pai era maravilhoso, minha mãe achava tudo que eu fazia errado, e isso me maltratou até morrer.

Quando me casei pela terceira vez, ela disse pro meu marido, que tinha dinheiro:

— Pensei que pelo menos você fosse tirar a minha filha desta vida.

Minha mãe nunca me deu uma colher de chá. Não ia me ver quando eu estreava. Nada. Depois que ela morreu, descobri recortes de toda a minha vida em um baú debaixo da cama dela. Tinha um lado dela que admirava o meu trabalho, recortava e guardava, mas ela não podia entregar os pontos para a filha.

Eu fui uma péssima filha, e ela foi uma péssima mãe. Horrível mesmo. Um desencontro.

Quando ficou velhinha, era eu que cuidava dela. Virou minha filha. Eu era o esteio da casa, mas mesmo assim ela não passava recibo. Quando ela estava esclerosada, eu lhe dei umas rosas e ela disse:

— A senhora sempre tão gentil me trazendo rosas — me chamou de senhora.

Eu perguntei:

— Dona Zilda, a senhora teve quantos filhos?

Ela falou os nomes dos meus dois irmãos. E eu insisti:

— Mas a senhora não teve uma filha?

— Não.

— A senhora não teve uma filha chamada Mariinha? — repeti.

— Ah, sim — respondeu ela. — Mas essa foi fazer a vida dela e hoje vou lhe dizer uma coisa: ela tinha razão.

As lágrimas me corriam de agonia ouvindo isso, porque eu sabia que não podia mais atingir minha mãe. Não tinha como atingi-la. Então eu carregava mamãe no colo muitas vezes. Fazia com que ela andasse, ela precisava fazer exercício. Ela morreu sem saber que me devia seus últimos momentos, ou sabia inconscientemente.

D. MARIA MOREIRA

Roberta Close

Devo tudo a minha mãe: a vida, o carinho, a possibilidade de ser aceita por nossa família, de me encontrar como mulher. Ela nunca me abandonou, sempre ficou do meu lado, mesmo nos momentos mais difíceis, e depois de tudo que passei, sei que devo a ela e a minha família a minha saúde.

Espero nunca decepcionar minha mãe e merecer e dar a ela todo o amor que ela me deu.

Minha mãe me educou, me ensinou a gostar de mim mesma pelo que eu sou.

Me lembro que quando eu era bem pequena, adorava entrar no quarto dela quando ela saía e ficar vestindo suas roupas. Era o máximo.

Penso em ficar junto da minha mãe no futuro. Gostaria de comprar uma casa e viver ao lado dela. É uma figura fundamental na minha vida.

MÃES

Alma Selva

Eu dedico estas quadrinhas
A todas as mães do mundo
Só elas sabem amar
com amor santo e profundo

Meu coração está feliz
embora de mágoas cheio
Mas hoje, o amor das mães
se unifica num só seio

Palavra "Mãe" não tem rima
estando no singular
pra mostrar que amor de mãe
a nada pode igualar

Mãe das mães, mãe de Jesus
Neste dia e nesta hora
Vos peço beijando a cruz
"Abençoai-nos Senhora"

Abençoai nossos filhos
daí-lhes o Vosso perdão
Pois quantos deles têm mãe
Mas nem lhe dão atenção

Aquele "Retrato de Mãe"
de Dom Ramon Angel Lara
é o mais sublime poema
que alguém lhes dedicara

Não sei mais o que dizer
Meu coração está mudo
Pois no soneto "Ser Mãe"
Coelho Neto disse tudo

Bisando Coelho Neto
a mãe chora num sorriso
Tem um mundo e não tem nada
e sofre num paraíso

Ó mães que ainda estão vivas
Ó mães que já estão no céu
Um dia estaremos juntas
debaixo do mesmo véu.

"MÃES ATORMENTADAS"

Hélio Fraga

Para todas as mães, neste mês de maio, o melhor presente não é nenhum Shopping Center, boutique, loja ou supermercado e se resume nas três letras da palavra paz.

Sim: apenas paz.

Há milhares de mães que não sabem o que é ter paz em vida de tão atribuladas e tão sobrecarregadas que andam. Problemas em cima de problemas. Tensões e conflitos. Brigas de irmãos. De genros e noras com sogras. De tios com sobrinhos. Brigas por qualquer motivo. E a mãe no meio dos conflitos, sem saber de que lado ficar — mas quase sempre, por solidariedade, do lado dos filhos, ainda que não estejam com a razão.

Brigas por terra, por herança, por dinheiro, por aval, por questões e dívidas pessoais, que acabam sendo transferidas aos pais, mesmo que não tenham condições de pagar. Então, vão ter que vender imóvel, ou empenhar jóias na Caixa.

Brigas por ciúme, por inveja, por despeito;

porque uns estudaram e os outros não; brigas porque uns levam suas coisas a sério e os outros nem tanto; brigas por divergências na educação dos filhos; brigas porque as pessoas não são como a gente gostaria que fossem. (...)

O amor do filho, tão decantado, tão repetido, muitas vezes é só da boca para fora — pois os atos e atitudes só comprovam desamor.

As mães e avós andam recebendo estranhas "provas" de amor: problemas alheios para resolver; dívidas para resgatar; empréstimos que não serão jamais pagos; roupas para lavar, meninos levados para tomar conta, ainda que elas estejam idosas e cansadas; e uma enxurrada de questões que os filhos e netos tinham condições de solucionar, sem sobrecarregá-las injusta e abusivamente.

Quando levam as crianças na casa da vovó para "passear", na verdade estão querendo alguém para tomar conta dos filhos à noite, a fim de que o casal jovem possa se divertir, indo aos cinemas, teatros e shows. Então não é vovó: é babá sem salário.

Isso mesmo: mãe e avó, muitas vezes, não passam de empregadas sem carteira e sem horário, sempre a serviço dos filhos que não são capazes de entender que as pessoas idosas têm direito ao descanso do corpo e do espírito.

Mãe é para se amar, não para maltratar.

Filhos complicados e instáveis, noras pirracentas, netos ingratos, netas grávidas aos 14 anos, sobrinhos viciados em drogas, filhas que não assumem suas responsabilidades como esposas e mães, maridos ausentes e omissos — tudo isso vai minando a resistência física e espiritual de muitas mães e avós que acabam morrendo mais cedo, de desgosto.

E no fim, no dia em que isso acontecer, vão ficar todos se lamentando, chorando, dizendo que as amavam demais. (...)

MINHA QUERIDA MÃE

Tom Jobim e Vinicius de Moraes

Eu sei que vou te amar,
por toda a minha vida eu vou te amar
E cada verso meu será para te dizer
que eu sei que vou te amar por toda a minha vida.

MÃE

Bastos Tigre

Mãe! Que nome haverá de mais doçura
Assim tão breve e de harmonia tanta?
E é a primeira oração que se murmura.
Vem-nos do coração para a garganta.

ESTAS TAMBÉM SÃO MÃES?

Um relatório da Associação Brasileira Multiprofissional de Proteção à Infância e Adolescência (Abrapia) revelou que, entre janeiro e outubro de 1997, 819 crianças foram vítimas de agressão no Rio de Janeiro.

Em 47% dos casos, a mãe foi a maior agressora, vindo o pai com 23,4%, e o restante dividido entre vizinhos, irmãos e empregados. A violência física vem em primeiro lugar, com 35%, na estatística de maus-tratos. Depois, seguem a negligência (29,6%), a violência psicológica (26,3%) e a violência sexual (8,2% dos casos).

A estatística revela ainda que dos 819 casos denunciados, 14,5% dos aliciadores têm entre 30 e 45 anos, 11,9% das vítimas estão na faixa etária dos 8 aos 12 anos e 90,9% dos casos de exploração sexual são praticados por pais cariocas.

Outro dado alarmante: 67% das crianças assassinadas no estado do Rio foram mortas pelos próprios pais ou responsáveis, segundo uma pesquisa feita pelo ISER (Instituto Superior de Estudos da Religião).

O resultado dos maus-tratos são deformidades, invalidez permanente ou temporária, agressividade, comprometimento da personalidade, dificuldades escolares e tolerância à violência.

PRESENTE DO MENINO POBRE

Anônimo

À mãe o menino pobre
Sonha um mimo oferecer
Embora nada lhe sobre
Para um presente escolher.

Mas quem tem mãe tem ventura
E mesmo ao menino pobre
Dá sempre Deus a doçura
De à mãe ser bondoso e nobre.

O menino, então descrente.
Percebe a fé renascer
E à mãe lembra de repente
De algo novo oferecer.

Num gesto belo e eloqüente,
Abraça a mãe, comovido,
E dá-lhe o melhor presente:
Um beijo oculto trazido...

PARA MINHA MÃE

Ghiaroni

Por que a sina das mães é esta sina:
Amar, cuidar, criar, depois perder!
Eu te esqueci. As mães são esquecidas!
Vivi a vida, vivi muitas vidas.
E só agora, quando chego ao fim,
Traído pela última esperança,
E só agora quando a dor me alcança,
Lembro, quem nunca se esqueceu de mim!
Dia das Mães! É o Dia da bondade
Maior que todo o mal da humanidade,
Purificada num amor fecundo!
Por mais que o homem seja um ser mesquinho
Enquanto a mãe cantar junto a um bercinho,
Cantará a esperança para o mundo!

AS MÃES DE ACARI

A luta das mães de oito adolescentes desaparecidos na Baixada Fluminense, provavelmente mortos por bandos de extermínio, ultrapassou as fronteiras brasileiras. Veronica Lucia Leite e Marilene Lima e Souza, duas das integrantes do grupo, já viajaram várias vezes para a Europa, a convite da Anistia Internacional e de grupos de direitos humanos, para falar sobre sua experiência em fóruns internacionais e receber homenagens.

Na bagagem elas levam o dossiê *Complexo de Acari e as Violações dos Direitos Humanos* e o livro *As Mães de Acari, uma história de luta contra a impunidade.*

A história delas começou em 26 de julho de 1990, quando oito adolescentes e três adultos da favela de Acari foram passar um fim de semana em um sítio de Magé, na Baixada Fluminense, e nunca mais voltaram. Os adultos eram ladrões de cargas na Avenida Brasil, mas os menores não tinham envolvimento com crimes.

O que se sabe é que um grupo de policiais chegou ao sítio e só encontrou os garotos, que nunca mais apareceram.

Sem contar com a ajuda das autoridades, as mães procuraram os corpos dos filhos em cemitérios clandestinos, necrotérios, orfanatos e hospitais no Rio de Janeiro e da Baixada Fluminense.

Com o tempo, o grupo passou a ser chamado de "Mães de Acari", ganhando notoriedade internacional.

Até hoje seus apelos estão sem resposta.

Na Conferência Internacional das Nações Unidas sobre a Mulher, realizada em Pequim em 1995, elas foram homenageadas e não param de viajar a convite de entidades de direitos humanos.

CAZUZA

Lucinha Araújo

O pior momento pra mim foi quando descobri que meu filho era um ser humano independente. Que eu podia morrer e não ia fazer falta. Foi uma constatação dolorosa.

Aos 18 anos, quando Cazuza saiu para morar sozinho pela primeira vez — ele foi e voltou umas oito vezes —, passei 48 horas chorando. Ele queria me testar, descobrir se eu gostava mais dele ou do João.

Até Cazuza completar 20 anos, eu sofri muito, porque eu queria mudá-lo. Em vez de aceitá-lo como era, eu queria que ele mudasse, que fosse como a gente.

Quando ele saiu de casa, comecei a achar que ele estava andando com umas pessoas esquisitas. Falava com o João, mas ele não acreditava. Eu sabia que tinha alguma coisa diferente. Um dia resolvi perguntar à queima-roupa pra ele: "Cazuza, meu filho, você é homossexual?" Ele respondeu: "Olha, mamãe, vou dizer uma coisa. Eu não sou nem uma coisa nem outra. Eu sou bissexual. Eu ainda não fiz a minha escolha. Um dia posso namorar uma mulher, outro dia um homem, mas não fique preocupada com isso, não é nada grave."

Fiquei muito chocada. Eu tive que dar a volta por cima, virar outra mulher, senão eu perdia o meu filho. Se eu fosse lutar contra o desejo dele, não ia dar certo.

A partir desse momento, mudei. Falei: "Olha, meu filho, eu sei que você está escolhendo o lado das minorias, e as minorias sofrem muito. Eu queria proteger você, queria que você não sofresse, mas desde o momento que essa é a sua escolha, eu estou com você e não abro. Pode fazer o que quiser da sua vida que estarei sempre do seu lado." E foi assim até ele morrer.

Embora fosse muito difícil e muito triste para mim. Eu chorei, sofri muito, mas depois entendi a opção dele. Mas imagine como foi para mim, uma mulher criada no Sacré-Coeur de Marie, um colégio de freiras, que casou com o primeiro namorado, o primeiro homem que beijou a minha boca.

"VEM, MEU PEQUENO..."

Maurice Chevalier sempre adorou sua mãe. Dera-lhe o sobrenome de "La Louque". Aos 83 anos, após uma vida cheia, entregou-se a uma última volta ao redor do mundo, que encerrou em Paris, a cidade que ele havia cantado melhor do que qualquer um.

Aureolado de glória, retirou-se para sua propriedade de Marne-la-Coquette, que rebatizou com o nome de La Louque, e onde rodeado de alguns amigos e de muitas lembranças, trabalhará na redação do último volume de suas Memórias, enquanto aguarda a morte, que sempre chega. "Quando a Senhora Preta aparecer", escreveu na última página de seu livro, *Os pensamentos de Momo*, "poderei embelezar o momento, imaginando que é La Louque que me estende os braços, dizendo: 'Já trabalhaste o bastante... Vem, meu menino, que me ocupo um pouco de ti.'"

(Citado no jornal *L'Orient*, de Beirute, 31/1/1972)

CORAÇÃO DE MÃE

Youssef Al-Munzir e Youssef Farhat

Disse um campônio a sua amada:
Minha idolatrada.
Diga o que quer.
Por ti
Vou matar, vou roubar
Embora tristezas me causes, mulher.
Provar que eu te quero,
Venero teus olhos, teu porte, teu ser.
Por ti não importa matar ou morrer.
E ela disse ao campônio a brincar,
Se é verdade tua louca paixão,
Parte já e pra mim vai buscar
De tua mãe inteiro o coração.
E a correr o campônio partiu,
Como um raio na estrada sumiu.
E sua amada qual louca ficou,
A chorar na estrada tombou.

Chegando à choupana, o campônio,
Encontrou a mãezinha ajoelhada a rezar,
Rasga-lhe o peito o demônio,

Tombando a velhinha aos pés do altar.
Tira do peito sangrando
Da velha mãezinha o pobre coração.
E volta a correr proclamando
Vitória.
Mas de tanto correr, caiu no caminho,
e o coração da mãe escapou-lhe das mãos.
"Meu filho, meu querido, dirigiu-lhe o coração,
machucaste-te ao cair?"
Como se essa voz, apesar de sua ternura,
contivesse a ira do céu
contra o filho desnaturado.
E ele viu o horror de seu crime,
que nenhum outro filho jamais cometera.
Apanhou o coração da mãe e pôs-se a lavá-lo
com a abundância de suas lágrimas,
dizendo: "Ó coração, vinga-te de mim,
e não perdoes meu crime imperdoável.
Se me perdoares,
eu próprio me matarei como Judas fez antes de mim."
E apanhou a faca para plantá-la no peito
a fim de servir de exemplo ao ser lembrado.
Mas o coração gritou-lhe:
"Pára, e não apunhales meu coração duas vezes seguidas."

FALANDO COM VOCÊ

Mamãe:

Hoje estou só, sem você! Então, quando todos os filhos festejam suas mães, eu sinto aquele amargo vácuo que a sua distância me dá. E eu quisera tanto senti-la bem perto do meu coração sempre, sempre!

Quando eu triunfo, quando sou feliz, é de você que recebo o primeiro e mais leal aplauso, é em você que eu vejo a maior satisfação!

Que fora eu, se não houvesse a evocação suave do seu nome, nas minhas angústias? Que derrocada haveria para mim se não fosse o seu impecável exemplo de piedosa, de meiga sacerdotisa do nosso lar?

MÃE

Maria de Lourdes S. Gonçalves

Partiste, foste embora e lá, distante,
Depois dos longos anos de partida,
Fulguras como estrela em nossa vida,
Inefável lembrança a todo instante.

Sim, Mãe, aquela chama flamejante
Da tua imagem meiga, tão querida,
Em nossos corações é refletida
E cada vez se torna mais brilhante!

Sempre a irradiar candor, bondade tanta,
Toda a harmonia que uma casa encerra,
Anjo do lar já foste aqui na Terra!

E, então, quem foi Rainha neste mundo,
Sempre espargindo o seu amor profundo,
Há de no céu reinar qual uma santa.

MÃE

Zélia Rodrigues

Mãe, palavra doce
de todas a mais querida
para mim. Ela resume
tudo, tudo nesta vida.
Gosto de repetir seu nome baixinho
como uma suave e meiga canção.
Ele é a luz de meu caminho
e a vida de meu coração.

NO DIA DAS MÃES: HOMENAGEM À MÃE PÁTRIA

Sandino Ribeiro

Mãe Pátria, hoje é o grande dia de homenagearmos todas as mães do mundo; não poderíamos esquecer de você, Mãe Pátria. Mas, antes, quero homenagear a memória de minha santa Mãe Zelina, que há 13 anos está no Reino dos Céus, com toda certeza, pois o que sofreu neste mundo cão para manter dez filhos, não foi nada fácil.

Quero também parabenizar todos os tipos de mães vivas. As mães santas na pobreza, na humildade dos seus casebres, que riem chorando por não terem nem leite materno para alimentar seus filhos. As mães criminosas que tiram a vida de seus filhos, logo ao nascerem, pela irresponsabilidade hereditária da maldade humana. As mães prostitutas que, mesmo vendendo seu sexo sem saber a quem, dão seus filhos à luz e lutam contra tudo e contra todos para mantê-los até quando podem. Enfim, as mães de todos os níveis sociais e de todas as raças e cores que, só pelo fato de serem mães, merecem todo o carinho e o respeito da humanidade, pois, se não fossem as mães, não existiria a própria humanidade.

E a você, Mãe Pátria, desejo tudo de bom para ti, muitos e muitos anos de vida; mas imploro, em nome de Deus Todo-Poderoso, que tenha somente vida eterna se der um grande castigo àqueles que estão nos matando de fome, de discriminação racial e social, esses falsos irmãos que falam em Deus e só fazem o que o Diabo manda, não pensando no futuro dos seus descendentes.

Este livro foi composto na tipologia Goudy Old Style em corpo 12/16 e impresso em papel Offset 75 g/m² no Sistema Cameron da Divisão Gráfica da Distribuidora Record.